SCHNELLE REZEPTE
ohne Einkaufen

SCHNELLE REZEPTE
ohne Einkaufen

INKLUSIVE ZUTATENMATRIX ZUR SCHNELLEN REZEPTFINDUNG

EINFACH UND LECKER KOCHEN
DAS EXPRESS KOCHBUCH

Jasper & Sophie

Autoren: Jasper & Sophie
Vertreten durch: Raphael Knörr, Rohrburger Mühle, 1 77743 Neuried

1. Auflage 2022

Copyright © 2022 syrahaus

Coverdesign: Martina Gabriel
Fotos: depositphotos.com
Lektorat: halvus

ISBN: 978-3-9824109-0-6

Inhalt

Liebe Leserin, lieber Leser

In diesem Buch wird bewusst auf den Einsatz von Bildern verzichtet. Das hat einige gute, für Sie durchaus vorteilhafte Gründe.

Farbbilder erhöhen die Druckkosten, was wiederum den Buchpreis erhöhen würde. Auch schonen Sie mit diesem Buch die Umwelt, da viele der Rohstoffe für den Farbdruck giftig sind und deren Abbau die Umwelt stark belastet.

Da viele Zutaten im vorliegenden Buch austauschbar sind, würden Abbildungen von fertigen Gerichten unter Umständen irreführen oder gar nicht mit Ihrem Ergebnis auf dem Teller übereinstimmen. Ein Beispiel: Das Rezept „Spaghetti mit kalter Thunfischsoße" geht ebenso mit Spirelli, Tagliatelle, Maccaroni oder auch Farfalle. Haben Sie nun in Ihren Vorräten nur noch Farfalle, statt Spaghetti gefunden, sieht Ihr Teller auf dem Tisch natürlich komplett anders aus, als es auf unserem Beispielfoto der Fall wäre. Aber genau das ist ja auch die Idee des Buches. Aus den vorhandenen Vorräten ein leckeres, schnelles Ge-

richt zu zaubern und nicht ein Gericht nach einem Hochglanzfoto zu kochen. Dafür haben Sie das Buch nicht gekauft.

Uns selbst geht es oft so, dass wir ein Gericht kochen, weil es auf dem Foto toll aussieht. Allerdings sind das oft gestellte Fotos und wir können alles exakt nach Rezept nachmachen, aber das Ergebnis auf unserem Teller kommt nicht einmal annähernd an das Foto heran. Das ist enttäuschend und unnötig und daher ein weiterer Grund für den bewussten Verzicht auf Fotos in unserem Rezeptbuch.

Haben Sie Kritik, Anmerkungen, positive oder negative Anregungen lassen Sie es uns bitte wissen. Wir sind bemüht Ihre Wünsche etc. umzusetzen. Einfach unter **syrahaus@ outlook.de** eine kurze Mail schreiben und wir werden uns mit Ihnen gerne in Verbindung setzen.

Wir wollen Ihnen auch nicht zehn verschiedene Rezepte für Rührei anbieten, sondern echte, internationale, kreative, zum Teil auch überraschende Rezeptideen, die schnell, einfach und lecker zubereitet werden können.

Es kommt immer wieder vor, dass die eigenen Pläne kurzfristig geändert werden müssen. Ein Stau, Überstunden oder andere unerwartete Umstände.

Endlich zu Hause, der Hunger ist groß, aber jetzt noch einkaufen? Nein, danke! Da kommt es sehr gelegen, wenn Tiefkühler, Kühlschrank und das Vorratsregal voll sind und unser Buch mit der cleveren Zutatenmatrix parat liegt. Trockenvorräte, Konserven und Tiefkühlwaren können problemlos Monate gelagert werden. Anders verhält es sich allerdings mit den Lebensmitteln im Kühlschrank. Hier sollten Sie auf das Mindesthaltbarkeitsdatum achten.

Aber bitte nicht mit dem Verbrauchsdatum verwechseln. Vor allem trocken gelagerte Nahrungsmittel sind oft noch Monate nach dem MHD problemlos und unbedenklich verzehrbar. Auch Käse und andere Milchprodukte im Kühlschrank sind oft noch ein paar Tage nach dem MHD genießbar. Sie sollten aber weder Farbe, Aussehen, Geschmack und Geruch verändert haben. Das Verbrauchsdatum sagt uns im Gegensatz dazu, bis wann ein Lebensmittel verzehrt worden sein muss. Gerade bei Fleisch, Fisch und Geflügel darf das Verbrauchsdatum nicht überschritten werden. Wenn doch, gibt es zur eigenen Sicherheit nur noch den Weg in den Mülleimer. Um das zu vermeiden, kontrollieren Sie spätestens alle zwei Wochen Ihren Kühlschrank, einmal im Vierteljahr den Tiefkühler und einmal jährlich die anderen Vorräte.

Ganz einfach und schnell zum Rezept.

Sie kommen nach einem extrem langen Arbeitstag mit Bärenhunger nach Hause.

Und dann? Dann dürfen Sie sich noch damit herumschlagen, ein Rezept ausfindig zu machen und zu kochen. Als wäre das nicht genug, soll die Mahlzeit nicht nur gesund und ausgewogen sein, sondern sie soll auch noch schmecken und nicht die Kochkünste vom Star-Koch Gordon Ramsay voraussetzen.

Absolutes Horrorszenario, nicht wahr? Nicht so ganz. Hier kommt

unsere Zutatenmatrix ins Spiel, die Ihnen die perfekte Strategie an die Hand gibt, mit der Sie abwechslungsreich und zeitsparend kochen können!

Die Zutatenmatrix hilft Ihnen nicht nur dabei, mit Ihren Zutaten das passende Gericht zu finden. Sondern sie spart Ihnen gleichzeitig auch noch eine Menge wertvoller Zeit, die Sie andernfalls in die mühselige Planung und Suche von Mahlzeiten reingesteckt hätten.

Schlagen Sie dazu einfach eine Hauptzutat nach und die Matrix zeigt Ihnen innerhalb weniger Sekunden mit der entsprechenden Seitenzahl die Kombinationsmöglichkeiten für all die köstlichen Rezepte, die Sie damit zubereiten können.

Die Nutzung der Matrix öffnet Ihnen die Tür zu einer Welt, in der Kochen nicht lästig, sondern lecker, schnell und abwechslungsreich ist. Hiermit hat jeder ein Werkzeug zur Hand, mit dem die Zeit in der Küche ein abenteuerliches Erlebnis wird!

Der Umgang ist sogar so einfach, dass Kinder das nachmachen könnten!

Ab Seite 160 finden Sie alle Matrizen, um mit zwei Zutaten schnell ein Rezept zu bekommen. Bei vielen Rezepten finden Sie Hinweise, welche Zutaten, soweit vorhanden, noch ergänzt werden können oder wie Sie weitere noch vorrätige Lebensmittel kombinieren können.

Ein weiterer Vorteil ist, dass die Verwendung weniger Zutaten auch mehrere positive Nebenwirkungen hat. Zum einen entstehen so neue Lieblingsgerichte und der andere aber intensivere Geschmack durch die wenigen Zutaten kann auch zur Entdeckung neuer Vorlieben führen. Unsere Kinder schwärmen noch heute von so manchem „Zufallsprodukt", das auf den Tisch kam!

Viel Spaß und einen guten Appetit wünschen Ihnen Sophie und Jasper!

Einleitung

Die Grundausstattung an Lebensmitteln

Die Zutaten aus unserer Matrix sollten Sie immer, mehr oder weniger vollständig, zu Hause haben. Besonders wichtig sind hier die Grundnahrungsmittel, die lange haltbar sind. Reis, Teigwaren, Kartoffeln, Couscous oder auch Wraps lassen sich problemlos lagern.

Am Ende des Buches finden Sie zwei Einkauflisten. Eine, in der alle Must-haves aufgeführt sind, und eine weitere, wo die restlichen im Buch aufgeführten Hauptzutaten aufgeführt sind. Beide einfach mit dem Smart Phone fotografieren und ab zum Lebensmitteldealer Ihres Vertrauens.

Ein Einkauf zu Beginn muss dann wohl doch sein. Aber auch da unterstützen wir Sie mit den Einkaufslisten.

Für unsere schnellen Rezeptideen benötigen Sie:

An Konserven oder Gläsern

- Gehackte Tomaten
- Kokosmilch
- Kidneybohnen
- Mais
- Kichererbsen
- Champignon

Im Kühlschrank

- Eier
- Hartkäse
- Frischkäse
- Sahne
- Sauerrahm
- Räucherlachs
- Bacon
- Senf
- Meerrettich
- Zitronensaft
- Tomatenmark
- Frühlingszwiebeln
- Chilisoße

Im Tiefkühler

- Fischfilet
- Hackfleisch
- Hähnchenbrustfilet
- Chicken Wings
- TK frutti di mare
- buntes TK-Gemüse
- Asia-TK-Gemüse
- TK-Blattspinat
- TK-Paprikastreifen
- TK-grüne Bohnen
- TK-Kräuter

Im Vorratsschrank

- Teigwaren
- Mie Nudeln
- Reis
- rote Linsen
- Couscous
- Tortilla-Wraps
- Essig
- Pflanzenöl
- Olivenöl
- rote Zwiebeln
- Knoblauch
- Kartoffeln

Im Gewürzregal

- Salz
- Pfeffer
- Paprikapulver (edelsüß)
- Kurkuma gemahlen
- Kreuzkümmel
- Koriander
- Majoran gerebelter
- Thymian
- Chiliflocken
- Muskatnuss gemahlen
- Currypulver
- Sojasoße
- Brühe

Die Grundausstattung an Küchengeräten, Messern, Töpfen und Schüsseln

Ein Rührgerät und ein Stabmixer sind sehr vorteilhaft, aber auch eine Küchenwaage. Wenn frische Zutaten ins Spiel kommen, sind geschärfte Messer nicht nur zeitsparend, sondern schonen auch die Nerven und verringern die Zubereitungszeit. Denn mit einem stumpfen Messer schneidet man eher größere Stücke, die beim Kochen mehr Zeit benötigen, um gar zu werden.

Schüsseln in ausreichender Zahl und Größe sparen ebenfalls Zeit. So können Sie alle Zutaten, die vorbereitet werden müssen, schnell und übersichtlich bereitstellen, können die Zeit bis z.B. das Wasser für die Teigwaren kocht effizient nutzen und es ist alles ruckzuck ohne Zeitverzögerung im Topf oder Pfanne. Unsere Zubereitungen berücksichtigen das. Auch Pfannen in verschiedenen Varianten, teils mit Deckel, sollten vorhanden sein. Ein stabiler Holzlöffel zum Rühren ist langlebig, schont die Oberflächen von Töpfen und Pfannen und ganz wichtig, er schmilzt nicht, wenn er nach dem Rühren in der Pfanne oder dem Topf vergessen wird.

Dosenöffner, Sparschäler, Knoblauchpresse und ein Backblech, sowie Backpapier sollten auch zu Ihrer Grundausstattung gehören.

Nutzen Sie Tiefkühlgemüse und eingefrorene Kräuter

Auch Tiefkühlgemüse ist gesund. Kräuter verlieren durch den Gefriervorgang nicht wirklich an Geschmack. Was aber am Wichtigsten ist, Tiefkühlgemüse ist meist schon zerkleinert, was Ihrem hungrigen Magen entgegen kommt, da die Zeit zum Schneiden wegfällt.

Benutzen Sie Frühlingszwiebeln oder rote Zwiebeln

Sie verursachen keine Weinkrämpfe, geben dem Gericht einen milderen Geschmack und durch die Verwendung des Grüns sogar noch einen Farbklecks im Vergleich zu normalen Zwiebeln. Wenn Sie keine Frühlingszwiebeln haben, oder sie nicht mögen, ist das kein Problem. Verwenden sie einfach rote Zwiebeln. Die müssen nicht im Kühlschrank gelagert werden, sind nicht so scharf und können, wie Frühlingszwiebeln, in vielen Gerichten wegen ihrer roten Färbung als Deko verwendet werden. Sollten Sie aber Frühlingszwiebel bevorzugen ein Tipp für Sie: Wickeln Sie den ganzen Bund Frühlingszwiebeln in Frischhaltefolie ein und legen ihn dann erst in den Kühlschrank. So wird das Grün besser geschützt und hält viel länger frisch.

Sie sind Single?

Unsere Rezepte sind immer auf zwei Portionen ausgelegt. Als Single werden Sie sicher denken: „na toll!" Aber sehen Sie es positiv. Die zweite Portion können Sie einfrieren und haben so ein noch schnelleres Essen, wenn mal gar keine Zeit ist. Oder Sie verpacken es und nehmen es am nächsten Tag als Meal Prep in die Arbeit. Das Problem ist ganz einfach gelöst, wenn Sie die zweite Portion einfach in den Kühlschrank stellen und an einem der nächsten beiden Tage gutgelaunt aufwärmen und genießen.

... andere Zutaten, die Must-haves

Die folgenden Zutaten nennen wir im folgenden „Gewürze" oder „Dressing". Hierbei machen wir in den Rezepten teils Mengenangaben, aber das sind nur Richtlinien, da die Geschmäcker gerade bei Kräutern und der Schärfe einer Speise sehr unterschiedlich sind. Ob Sie zum Beispiel Ihr Salatdressing aus Essig, Öl, Salz, Pfeffer und Zwiebel selbst bereiten oder aus dem Salat-Fix-Beutel oder der Flasche mit fertigem Dressing, das bleibt alleine Ihnen überlassen.

Ebenso verhält es sich mit dem Thema Teigwaren aus der Tüte oder „fertige Teigwaren" aus dem Kühlregal. Reis zum Kochen oder Kochbeutel. Frisches Gemüse oder aus der Konserve. Meersalz oder jodiertes Speisesalz oder, oder, oder ...

Pfeffer
Wir bevorzugen ausschließlich Pfeffer frisch gemahlen aus der Mühle. Egal ob weiß, schwarz, rot oder gemischt. In den Rezepten sprechen wir immer einfach nur von Pfeffer.

Paprikapulver
Da edelsüßes Paprikapulver nicht zu scharf ist, aber dennoch jeder Speise Aroma und Farbe verleiht, bevorzugen wir ihn. Sollten Sie es lieber schärfer mögen, nehmen Sie einfach rosenscharfes Paprikapulver. Sind Sie ein Fan von richtig scharf, gerne auch Chiliflocken.

Senf oder Meerrettich
Nach Belieben. Egal, ob scharf, mild oder mittelscharf.

Zitronen / Zitronensaft
Anstelle von Essig kann auch nach Geschmack einfach frisch gepresster Zitronensaft verwendet werden. Alternativ dazu, um zu verhindern, dass Ihnen die frischen Zitronen im Kühlschrank verschimmeln, gerne auch aus dem Fläschchen. Seien Sie bei der Dosierung vorsichtig. Aus der Flasche ist der Zitronensaft oft konzentrierter, im Vergleich zu frisch gepresstem Saft.

Olivenöl

Wir nehmen gutes, kaltgepresstes Olivenöl zur Verfeinerung vieler Gerichte und natürlich für Salate.

Pflanzenöl

Rapsöl oder auch Sonnenblumenöl. Beides sind ebenfalls gesunde Öle und lassen sich bedenkenlos heiß genug erhitzen.

Tomatenmark

Wir werfen ungerne Nahrungsmittelreste weg. Daher nehmen wir immer Tomatenmark aus der Tube, nach Gebrauch Deckel drauf und das Tomatenmark bleibt bis zum nächsten Einsatz frisch.

Brühe

Egal, ob in Pulver oder Würfelform. Egal, ob Rinderbrühe oder Gemüsebrühe. Egal, ob billig oder teuer, vegan oder vegetarisch. Instantbrühe verleiht schnell und nachhaltig Würze und Aroma.

Frischkäse, Sahne und Sauerrahm

Nehmen Sie beim Einkauf nicht die Verpackungen, die im Kühlregal gleich griffbereit stehen. Oft sind das die Packungen, die nur noch am kürzesten haltbar sind. Etwas weiter hinten stehen die Produkte, die viel länger haltbar sind. Auch wenn Einkaufen hin und wieder nötig ist, kann man es so gezielt einige Zeit hinausschieben.

Knoblauch

Lässt sich kinderleicht schälen, wenn man die Zehen auf ein Schneidebrett legt und mit der flachen Seite eines großen Messers fest darauf drückt. Es knackt und die Schale lässt sich anschließend leicht entfernen.

Salate	Kichererbsen	Thunfisch	Tomaten	Mais	Paprika	Kidneybohnen	frutti di mare	Blattspinat	Grüne Bohnen	Feta	Räucherlachs	Bacon	Kartoffeln	Rote Linsen	Couscous	Pasta	Reis
Kichererbsen										27	34	31					
Thunfisch				22													
Tomaten																28	
Mais		22															
Paprika													30			25	
Kidneybohnen							33								26		
frutti di mare																35	29
Blattspinat																32	
Grüne Bohnen											23						
Feta	27				33												
Räucherlachs	34													24			
Bacon	31							23					36				
Kartoffeln					30						36						
Rote Linsen											24						
Couscous						26											
Pasta		28			25		35	32									
Reis						29											

Salat, der verkannte Sattmacher

Ihr Magen sagt Ihnen, dass es längst an der Zeit ist, etwas zu essen, das auch satt macht und lange anhält. Das klappt schnell und prima mit einem Salat. Dose auf, Inhalt kurz abspülen und schon wandern Mais, Champignon oder Thunfisch in die Schüssel.

Die vielen Ballaststoffe und Proteine sorgen für anhaltende Sättigung. Mit Teigwaren, Reis oder Couscous wird Ihr Salat auch noch mit Ballaststoffen angereichert und es bieten sich viele weitere Kombinations- und Verfeinerungsmöglichkeiten.

Zu guter Letzt liefern Käse, Fisch und Ei noch wertvolles Eiweiß und machen ebenfalls lange satt. So kann man vor allem im Sommer, an heißen Tagen, auch mal eine komplette Mahlzeit ersetzen. Und bei Kaloriensparern darf er ruhig jeden Tag einmal auf dem Speiseplan stehen.

In den Rezepten sprechen wir von Dressing. Darunter verstehen wir, dass Sie nach eigenem Gutdünken Öl, Essig, Zitronensaft, Salz, Pfeffer, Zwiebel, Knoblauch und weitere Gewürze verwenden können. Jeder von uns hat seine Vorlieben bei der Salatzubereitung, die für den Genuss wichtig sind und die wir Ihnen nicht vorschreiben möchten. Unbedingt erforderliche Mengen und Zutaten geben wir im Rezept ausdrücklich an. Ansonsten gilt n.B., nach Belieben.

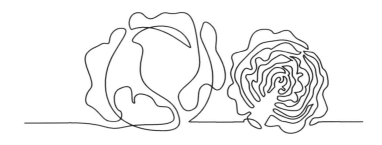

Thunfischsalat mit Mais

2 Portionen – ca. 15 Minuten Zubereitungszeit

Zutaten:

1-2 EL Zitronensaft

Salz, Pfeffer

2 EL Olivenöl

1 Dose Thunfisch im eigenen Saft

1 Dose Gemüsemais, 330 g

2 Frühlingszwiebeln

Zubereitung:

- In einer Schüssel den Zitronensaft zusammen mit Salz, Pfeffer und Olivenöl gut verrühren.

- Den Thunfisch und den Mais in ein Sieb abgießen und gut abtropfen lassen. In dieser Zeit die Frühlingszwiebeln waschen, putzen und in Ringe schneiden oder Zwiebel schälen und in kleine Würfel schneiden.

- Den abgetropften Thunfisch mit einer Gabel zerpflücken und mit den Zwiebeln und dem Mais unter das Dressing mischen. Wenn nötig, nochmals mit Salz und Pfeffer abschmecken.

TIPP: Kombinierbar mit hartgekochten Eiern. Dazu Toast oder Brot.

Herzhafter Bohnensalat

2 Portionen – ca. 25 Minuten Zubereitungszeit

Zutaten:

400 g TK grüne Bohnen

75 g Bacon

1 kleine Zwiebel

1 EL Pflanzenöl

Für das Dressing:

1 EL Essig

1 EL Senf

2 EL Olivenöl

Pfeffer, Salz

Zubereitung:

- TK-Bohnen gemäß der Zubereitungsempfehlung auf der Packung bissfest kochen.
- Während dieser Zeit Essig, Senf Olivenöl, Pfeffer und Salz in einer Schüssel anrühren.
- Bissfeste Bohnen in einem Sieb abtropfen lassen.
- Zwiebel und Speckwürfel in einer kleinen Pfanne nach Geschmack anbraten.
- Abgetropfte Bohnen mit dem Dressing mischen und angebratenen Speck und Zwiebelwürfel unterheben.

TIPP: Dazu Brot oder Toast.

Linsensalat mit Lachsstreifen

2 Portionen – ca. 15 Minuten Zubereitungszeit

Zutaten:

150 g rote Linsen

200 g Räucherlachs

2 Frühlingszwiebeln

Für das Dressing:

100 g Sauerrahm

1 EL Zitronensaft

Salz, Pfeffer

Zubereitung:

- Die roten Linsen gemäß Zubereitungsempfehlung auf der Packung garen. Zugedeckt bei Seite stellen.

- Lachs in kleine Stücke schneiden. Frühlingszwiebeln putzen, waschen und in dünne Ringe schneiden, oder Zwiebel schälen und in kleine Würfel schneiden.

- Für das Dressing in einer Schüssel Sauerrahm, Zitronensaft, Salz und Pfeffer gut verrühren. Linsen und Lachs zum Dressing geben und vermischen, nochmals abschmecken.

TIPP: Linsen immer im Auge behalten, sie werden sehr schnell zu weich.

Spirelli mit gebratenen Paprika

2 Portionen – ca. 25 Minuten Zubereitungszeit

Zutaten:

200 g Spirelli
(oder andere Teigwaren)

200 g TK bunter Paprika in Streifen

1 EL Pflanzenöl zum Anbraten

2 Frühlingszwiebeln

Für das Dressing:

2 EL Chilisoße

2 EL Zitronensaft

2 EL Öl

Salz und Pfeffer

Zubereitung:

- Spirelli laut Zubereitungsempfehlung auf der Packung al dente kochen. Im Sieb abschütten, mit kaltem Wasser abspülen, in eine Schüssel geben.

- Den tiefgekühlten Paprika in 1 EL Öl anbraten, vom Herd nehmen.

- Während der Bratzeit des Paprika die Frühlingszwiebeln waschen, putzen und in schmale Ringe schneiden.

- Für das Dressing die Chilisoße, den Zitronensaft, das Öl, Salz und Pfeffer in einer kleinen Schüssel vermischen.

- Den Paprika, die Frühlingszwiebeln und das Dressing unter die Spirelli mischen.

TIPP: Koriander, Kurkuma und Currypulver geben dem Dressing einen exotischen Geschmack.

Couscous-Salat mit Kidneybohnen

2 Portionen – ca. 20 Minuten Zubereitungszeit

Zutaten:

100 g Couscous

2 Frühlingszwiebeln

1 Dose Kidneybohnen, 400 g

Für das Dressing:

2 EL Olivenöl

2 EL Zitronensaft

Salz, Pfeffer

Zubereitung:

- Couscous gemäß Zubereitungsempfehlung auf der Packung zubereiten.
- Inzwischen die Frühlingszwiebeln, säubern, waschen und in feine Ringe schneiden.
- Die Kidneybohnen in ein Sieb geben, mit Wasser abbrausen und abtropfen lassen.
- Für das Dressing Olivenöl, Zitronensaft, Salz und Pfeffer gut verrühren.
- Den Couscous mit einer Gabel auflockern und mit den Kidneybohnen und dem Dressing vermischen.

TIPP: Für ein orientalisches Geschmackserlebnis in das Dressing jeweils etwas Currypulver, Kreuzkümmel und Zimt einrühren.

Kichererbsen Feta-Salat

2 Portionen – ca. 20 Minuten Zubereitungszeit

Zutaten:

2 kleine Dosen Kichererbsen, je 310 g

100 g Feta

2 Frühlingszwiebeln

Für das Dressing:

2 TL TK-Petersilie

1 EL Zitronensaft

2 EL Olivenöl

2 EL Essig

1 EL Tomatenmark

Salz, Pfeffer

Zubereitung:

- Kichererbsen in ein Sieb abgießen, kalt abspülen und in eine Schüssel geben.

- Feta in Würfel schneiden in eine kleine Schüssel geben.

- Frühlingszwiebeln putzen, waschen und in feine Ringe schneiden, ebenfalls in die Schüssel geben.

- Dressing aus TK-Petersilie, Zitronensaft, Olivenöl, Essig, Tomatenmark, Salz und Pfeffer zubereiten und zu den restlichen Zutaten in die Schüssel geben und vermengen.

- Feta Würfel leicht unterheben.

Scharfer Schmetterlings-Salat mit Tomaten

2 Portionen – ca. 20 Minuten Zubereitungszeit

Zutaten:

250 g Pasta (ideal Farfalle)

1 kleine Dose gehackte Tomaten, 400 g

2 Frühlingszwiebeln

2 EL Zitronensaft

2 EL Olivenöl

Salz, Pfeffer

1 EL TK-Kräuter

1 TL Chiliflocken

Zubereitung:

- Teigwaren bissfest kochen.
- Tomaten in eine große Schüssel geben.
- Frühlingszwiebeln waschen, putzen und in feine Ringe schneiden, beiseite stellen.
- Zitronensaft, Olivenöl, Salz, Pfeffer, TK-Kräuter und Chiliflocken zu den Tomaten in die Schüssel geben und vermischen.
- Teigwaren abschütten und unter das Dressing geben.
- Auf Teller verteilen und mit den fein geschnittenen Frühlingszwiebeln bestreuen.

Reis frutti di mare

2 Portionen – ca. 25 Minuten Zubereitungszeit

Zutaten:

200 g Reis

250 g TK frutti di mare

2 Frühlingszwiebeln

1 Knoblauchzehe

1 EL Pflanzenöl

Für das Dressing:

2 EL Olivenöl

1 EL Essig

Salz, Pfeffer

1 TL Thymian gerebelt

1 EL Tomatenmark

Zubereitung:

- Reis gemäß Zubereitungsempfehlung garen, beiseite stellen und abkühlen lassen.

- Die frutti di mare in ein Sieb geben, zum Auftauen kalt abbrausen und abtropfen lassen.

- In der Zwischenzeit die Frühlingszwiebeln waschen, putzen und in feine Ringe schneiden.

- Knoblauch schälen und fein hacken.

- frutti die mare mit den Zwiebelringen und dem Knoblauch in eine Pfanne mit Öl geben und anbraten.

- Für das Dressing das Olivenöl, den Essig, die Gewürze und das Tomatenmark verrühren.

- Den Reis, die frutti di mare und das Dressing in eine Schüssel geben und vorsichtig vermischen.

Ungarischer Paprika-Kartoffel-Salat

2 Portionen – ca. 25 Minuten Zubereitungszeit

Zutaten:

600 g Kartoffeln

400 g TK-Paprika

2 EL Pflanzenöl zum Anbraten

2 Knoblauchzehen

1 mittelgroße Zwiebel

Für das Dressing:

2 EL Essig

3 EL Olivenöl

1 TL Paprikapulver edelsüß

1 TL Chilipulver

1 TL Majoran

Salz, Pfeffer

Zubereitung:

- Die Kartoffeln nicht zu weich kochen und schälen.
- Den gefrorenen TK-Paprika in einer Pfanne mit 2 EL Olivenöl scharf anbraten.
- Knoblauch und Zwiebel schälen, fein hacken und zum Paprika in die Pfanne dazugeben.
- Dressing mit Essig, Olivenöl, Paprikapulver, Chilipulver, Majoran, Salz und Pfeffer zubereiten.
- Kartoffeln und Paprika in eine Schüssel geben und mit dem Dressing vermischen.

TIPP: Wenn Feta, Hartkäse oder Salami vorhanden sind, würfeln und mit zum Salat geben.

Knuspriger Kichererbsen-Bacon-Salat

2 Portionen – ca. 30 Minuten Zubereitungszeit

Zutaten:

2 kleine Dosen Kichererbsen, je 310 g

5 Scheiben Bacon

1 EL Pflanzenöl

1 TL Paprikapulver

Pfeffer

Für das Dressing:

2 EL TK-Petersilie

1 kleine Zwiebel

1 EL Essig

2 EL Olivenöl

1 TL Senf

Pfeffer, Zitronensaft und Sauerrahm

Zubereitung:

- Backofen auf ca. 200 Grad Ober und Unterhitze vorheizen.

- Kichererbsen in ein Sieb abgießen, kalt abspülen und in eine Schüssel geben.

- Bacon in feine Streifen schneiden.

- Die Kichererbsen mit dem Pflanzenöl, Paprikapulver, Pfeffer vermischen und auf ein mit Backpapier ausgelegtes Blech geben. Die Bacon Streifen dazu legen. Im vorgeheizten Ofen unter einmaligem Wenden schön rösten.

- Die Zwiebel schälen und in feine Ringe schneiden.

- Mit der TK-Petersilie, der Zwiebel, dem Essig, Olivenöl, dem Senf, Zitronensaft und Pfeffer ein Dressing anrühren.

- Die Kichererbsen und den Bacon aus dem Backofen holen und mit dem Dressing mischen.

- Pro Portion ein Esslöffel Sauerrahm als Topping auf den Kichererbsen-Salat geben.

Pikanter Nudelsalat mit Blattspinat

2 Portionen – ca. 25 Minuten Zubereitungszeit

Zutaten:

250 g Pasta (am besten Fussili oder Spiralnudeln)

300 g TK-Blattspinat

1 Knoblauchzehe

1 EL Pflanzenöl

Für das Dressing:

2 EL Olivenöl

1 EL Essig

Salz, Pfeffer

½ TL Muskatnuss gerieben

Zubereitung:

- Pasta gemäß Zubereitungsempfehlung bissfest kochen.

- Gefrorenen TK-Blattspinat in ein Sieb geben, zum Auftauen kalt abbrausen, ausdrücken und in kleine Stücke schneiden.

- In dieser Zeit den Knoblauch schälen und fein hacken.

- Öl in einer Pfanne erhitzen, Spinat und Knoblauch darin gut andünsten.

- Nudeln und Blattspinat in eine Schüssel geben.

- Aus Olivenöl, Essig, Knoblauch, Salz, Pfeffer, geriebener Muskatnuss und Chilipulver das Dressing anrühren und zu den restlichen Zutaten geben. Mischen. Fertig.

Tipp: Kann warm oder auch abgekühlt gegessen werden.

Kidneybohnen-Salat mit Feta-Würfel

2 Portionen – ca. 20 Minuten Zubereitungszeit

Zutaten:

2 Dosen Kidneybohnen,
je 400 g

2 Frühlingszwiebeln

Für das Dressing:

2 EL Olivenöl

2 EL Wasser

2 EL Zitronensaft

1 EL Senf

Salz, Pfeffer

1 Packung Feta

Zubereitung:

- Kidneybohnen in ein Sieb geben, kalt abbrausen und abtropfen lassen.
- Frühlingszwiebeln waschen, schälen und in Ringe schneiden.
- Mit dem Olivenöl, Wasser, Zitronensaft, Senf, Salz und Pfeffer das Dressing zubereiten.
- Bohnen unter das Dressing heben, ziehen lassen.
- In der Zwischenzeit den Feta in Würfel schneiden und unter die Kidneybohnen mischen.

Kichererbsen-Salat mit Lachs in Sahne-Meerrettich-Soße

2 Portionen – ca. 15 Minuten Zubereitungszeit

Zutaten:

2 Dosen Kichererbsen, je 400 g

2 Frühlingszwiebeln

200 g Räucherlachs

Für das Dressing:

1 EL Meerrettich

2 EL Zitronensaft

Salz, Pfeffer

1 EL TK-Kräuter

1/2 Becher Sahne

Zubereitung:

- Kichererbsen in ein Sieb geben, kalt abspülen und abtropfen lassen.
- Frühlingszwiebeln waschen, putzen und in feine Ringe schneiden.
- Das Dressing zubereiten.
- Kichererbsen mit dem Dressing in einer Schüssel vermengen.
- Lachs in feine Streifen schneiden.
- Lachs vorsichtig unter die Kichererbsen heben, auf Tellern anrichten.
- Mit den Frühlingszwiebelringen bestreuen.

Nudelsalat frutti di mare

2 Portionen – ca. 20 Minuten Zubereitungszeit

Zutaten:

250 g Pasta (idealerweise Penne)

400 g TK frutti die mare

1 mittlere Zwiebel

1 Knoblauchzehe

2 EL Pflanzenöl

Für das Dressing:

2 EL Zitronensaft

Salz, Pfeffer

2 EL TK-Kräuter

2 EL Tomatenmark

2 EL Olivenöl

2 EL Wasser

Zubereitung:

- Pasta gemäß Anleitung zubereiten, in ein Sieb abgießen und in eine Schüssel geben und beiseite stellen.

- Tiefgekühlte frutti di mare in ein Sieb geben und zum Auftauen mit kaltem Wasser abspülen, gut abtropfen lassen.

- Zwiebel und Knoblauch schälen, fein hacken.

- Fein gehackte Zwiebel und Knoblauch mit dem Pflanzenöl in einer Pfanne anbraten und abgetropfte frutti di mare dazugeben und gut anbraten.

- Das Dressing in einer kleinen Schüssel zubereiten.

- Die angebratenen frutti di mare unter die Pasta geben und mit dem Dressing übergießen und gut vermischen.

Altdeutscher Kartoffelsalat

2 Portionen – ca. 35 Minuten Zubereitungszeit

Zutaten:

600 g Kartoffeln

2 Eier

1 mittlere Zwiebel

1 EL Pflanzenöl

6 Scheiben Bacon

Für das Dressing:

1/8 Liter Brühe

1 Knoblauchzehe

1 EL Senf

Salz, Pfeffer

1 EL Essig

1 EL Pflanzenöl

Zubereitung:

- Kartoffeln kochen.

- Eier hart kochen.

- Zwiebel schälen und sehr fein hacken.

- Bacon in Würfel schneiden.

- Zwiebel mit Bacon mit dem Öl in einer Pfanne kurz anbraten.

- Eier pellen und vierteln.

- Kartoffeln abschütten, schälen, halbieren und in Scheiben schneiden.

- Kartoffeln in eine große Schüssel geben und die Brühe darüber gießen, leicht vermengen.

- Dressing zubereiten.

- Dressing mit der Speck-Zwiebel-Masse ebenfalls unter die Kartoffeln mengen.

- Mit den geviertelten Eiern garnieren.

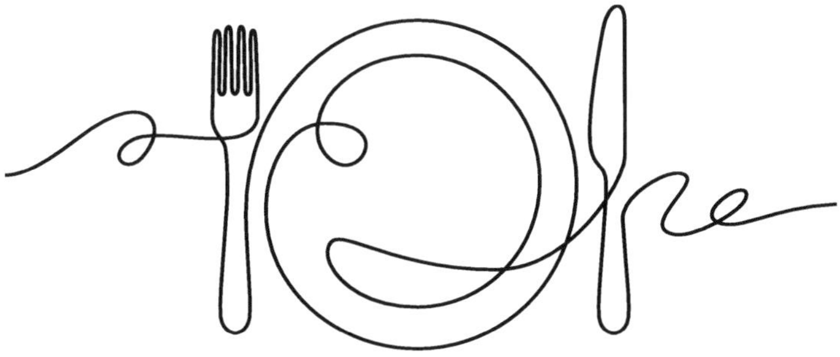

Tapas	Kichererbsen	Thunfisch	Tomaten	Mais	Paprika	Kidneybohnen	Champignon	Blattspinat	buntes Gemüse	Feta	Hähnchenbrust	Bacon	Kartoffeln	Fischfilet	Wrap	Pasta
Kichererbsen					63											
Thunfisch															58	
Tomaten				62	61						44		48			
Mais			62									60				
Paprika	63		61						46							
Kidneybohnen												54				
Champignon							56					52				
Blattspinat							56									
buntes Gemüse					46											
Feta													50			
Hähnchenbrust			44									40				
Bacon				60		54	52				40		42	53		64
Kartoffeln			48							50		42				
Fischfilet												53				
Wrap		58														
Pasta												64				

Tapas, die wahren Verwandlungskünstler

Tapas sind urspanisch, eignen sich aber dennoch hervorragend für unsere schnellen Rezeptideen. Sie werden rasch feststellen, dass sie Leben und Abwechslung auf Ihren Tisch bringen. Sie sind echte Verwandlungskünstler, ob mit Bacon, Kartoffeln und Meeresfrüchten. Auch mit Eiern, Käse und Gemüse sind sie sehr gesund und nahrhaft. Dips und Soßen können diese kleinen Köstlichkeiten perfekt abrunden.

Obwohl Tapas eigentlich nur Appetitanreger sind, werden wir Ihnen beweisen, wie schnell und lecker Tapas zu einem vollwertigen Gericht werden können.

In den Zubereitungszeiten ist die durchschnittliche Aufheizzeit des Backofens nicht berücksichtigt. Also ein Rezept mit 35 Minuten Zubereitung und Backofenbenutzung beansprucht in Wirklichkeit circa 10 Minuten mehr Zeit.

Bei unseren Tapas Gerichten können Sie vor allem bei den Gewürzen ganz nach Ihrem Geschmack vorgehen und abschmecken. Wir geben nur die Mindestmengen an, um Optik und Geschmack zu gewährleisten. Es ist kein Problem viel schärfer oder intensiver zu würzen, oder länger und damit brauner anzubraten. **Die Rezepte mit Hähnchenbrust sind Übernachtgerichte.**

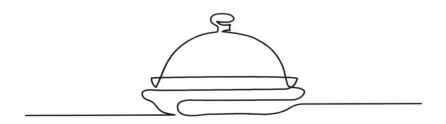

Zitronen-Knoblauch-Huhn Übernachtgericht

2 Portionen – ca. 25 Minuten Zubereitungszeit

Zutaten:

1 kleine Zwiebel

3 EL Olivenöl

2 Hähnchenbrustfilets

100 g Bacon

2-3 Knoblauchzehen

4 EL Zitronensaft

Salz, Pfeffer, Thymian gerebelt und TK-Petersilie

Zubereitung:

- Hähnchenbrustfilets über Nacht im Kühlschrank auftauen.
- Die aufgetauten Hähnchenbrustfilets trocken tupfen und mit einem scharfen Messer quer in dünne Streifen schneiden.
- Zwiebel und Knoblauch schälen und fein hacken.
- Bacon in Streifen schneiden.
- Olivenöl in einer Pfanne erhitzen. Zwiebeln darin 5 Minuten glasig dünsten. Knoblauch zugeben und eine weitere Minute anschwitzen.
- Die Hähnchenstreifen und den Bacon in die Pfanne geben und bei starker Hitze unter gelegentlichem Rühren kurz anbraten.

- Zitronensaft zugeben und kurz aufkochen. Mit Kochlöffel eventuell entstandenen Bodensatz vom Boden der Pfanne lösen und mit dem Saft verrühren.

- Pfanne vom Herd nehmen. TK-Petersilie untermischen und mit Salz und Pfeffer abschmecken. Typisch spanisch mit Brot servieren, oder ganz einfach in Wraps geben.

Kartoffelecken mit knusprigem Bacon und Dip

2 Portionen – ca. 40 Minuten Zubereitungszeit

Zutaten:

800 g Kartoffeln

2 EL Olivenöl

Pfeffer, edelsüßer Paprika, Thymian

200 g Bacon

Für den Dip:

2-3 Knoblauchzehen

1 EL Olivenöl

200 g Sauerrahm

Nach Geschmack Salz, rosenscharfer Paprika

Zubereitung:

- Backofen auf 200 Grad Celsius Umluft vorheizen.

- Ungeschälte Kartoffeln waschen, halbieren, die Hälften in 3 Spalten schneiden und in eine große Schüssel geben.

- Bacon in Würfel schneiden.

- Olivenöl, Pfeffer und Gewürze zu den Kartoffelspalten geben und gut durchmischen.

- Schüsselinhalt auf ein mit Backpapier ausgelegtes Backblech geben und in den auf 200°C mit Umluft vorgeheizten Backofen auf die mittlere Schiene schieben. Nach 10 Minuten die Speckwürfel darüber streuen und insgesamt 20 bis 30 Minuten braten.

- In dieser Zeit den Knoblauch schälen und zerdrücken. In einer Schüssel mit dem Sauerrahm, etwas Salz, dem Olivenöl und den scharfen Gewürzen gut verrühren.

- Wenn die Kartoffeln den gewünschten Bräunungsgrad erreicht haben, auf Teller geben und mit dem Dip genießen.

Hähnchenbrustfilet mit Tomatendressing – Übernachtgericht

2 Portionen – ca. 35 Minuten Zubereitungszeit

Zutaten:

Für die Marinade:

2 Knoblauchzehen

1 EL Olivenöl

1 TL Kreuzkümmel

600 g Hähnchenbrustfilet

3 EL Olivenöl zum Anbraten

Für das Dressing:

1 EL Olivenöl für das Dressing

1 Dose Tomaten

2 EL Essig

2 EL TK-Basilikum

Zubereitung:

- Hähnchenbrustfilets über Nacht im Kühlschrank auftauen.

- Backofen auf 200 Grad Ober und Unterhitze vorheizen.

- Knoblauchzehen schälen und fein hacken, mit dem Kreuzkümmel und dem Olivenöl in einer kleinen Schüssel vermischen.

- Die Hähnchenbrustfilets gut in der Marinade wenden.

- 3 EL Olivenöl in einer großen Pfanne erhitzen und die marinierten Hähnchenbrustfilets hin und wieder wenden und goldbraun braten. In eine Auflaufform geben und im vorgeheizten Ofen 8 bis 10 Minuten backen.

- Unterdessen die Tomaten, den Essig, das Basilikum und das restliche Olivenöl in einer Schüssel mischen.

- Die Hähnchenbrustfilets aus der Auflaufform nehmen, in Streifen schneiden und in eine Schüssel legen, das Dressing darüber geben und vorsichtig vermischen.

TIPP: Wenn man mit einer scharfen Messerspitze in die dickste Fleisch-stelle sticht, sollte der austretende Fleischsaft klar sein.

Geschmortes Sommergemüse

2 Portionen – ca. 30 Minuten Zubereitungszeit

Zutaten:

1 mittlere Zwiebel

2 Knoblauchzehen

4 EL Olivenöl

600 g Buntes TK-Gemüse

200 g TK-Paprika

2 EL Tomatenmark

5 EL warmes Wasser

Salz, Pfeffer und TK-Petersilie

4 EL Sauerrahm

Zubereitung:

- Zwiebel schälen und in dünne Ringe schneiden.

- Knoblauch schälen und fein hacken.

- Das Olivenöl in einer ofenfesten Kasserolle oder einer großen Pfanne erhitzen. Zwiebel dazugeben und unter gelegentlichem Rühren 3 Minuten glasig dünsten. Den Knoblauch zugeben und ca. 1 Minute mitbraten.

- Die Hitze erhöhen und das bunte gefrorene TK-Gemüse und den gefrorenen TK-Paprika dazugeben und unter gelegentlichem Rühren weitere 10 Minuten anbraten. Das Tomatenmark mit dem warmen Wasser cremig rühren hinzugeben und mit Salz und Pfeffer würzen.

- Alles aufköcheln lassen, dann abdecken und die Hitze reduzieren und den Inhalt ca. 10 Minuten schmoren lassen. Hin und wieder umrühren, damit nichts am Boden anhängt. Je Teller 2 Esslöffel Sauerrahm als Topping dazugeben.

- Gemüse heiß oder kalt servieren und nach Belieben mit Brot oder Toast anrichten.

Patatas Bravas

2 Portionen – ca. 40 Minuten Zubereitungszeit

Zutaten:

800 g Kartoffeln

1 EL Olivenöl

1 mittlere Zwiebel

2 Knoblauchzehen

2 EL Olivenöl

1 Dose Tomaten, 400 g

1 EL Essig

Edelsüßer Paprikapulver, Chiliflocken oder -soße, Salz

Zubereitung:

- Backofen auf 200 Grad Umluft vorheizen.

- Kartoffeln säubern und mit Schale in Stücke schneiden. Mit einem EL Olivenöl in eine Schüssel geben und gut mischen.

- Den Inhalt der Schüssel auf ein mit Backpapier ausgelegtes Backblech legen und in den auf 200 Grad bei Umluft vorgeheizten Ofen auf die mittlere Schiene schieben. Je nach gewünschtem Bräunungsgrad 25 bis 35 Minuten braten.

- Während dieser Zeit die Zwiebel schälen und fein hacken. Ebenso die Knoblauchzehen schälen und fein hacken.

- Für die Sauce das Olivenöl in eine Pfanne geben und erhitzen. Zwiebel hinzugeben und bei mittlerer Hitze ca. 5 Minuten glasig dünsten. Danach Knoblauch zugeben und eine weitere Minute weitergaren.

- Tomaten mit Saft, Essig, Chilipulver oder -soße und Paprikapulver zugeben und 10- 15 Minuten bei mittlerer Hitze köcheln lassen. Bis die Sauce eingedickt ist.

- Pfanne beiseite stellen. Bevor die Kartoffeln auf dem Ofen geholt werden nochmals kurz erwärmen.

- Wenn die Kartoffeln den gewünschten Bräunungsgrad erreicht haben, vom Blech in eine Servierschüssel geben nach Geschmack salzen und mit der Tomatensoße übergießen.

Pikante Kartoffelecken mit Feta-Würfel

2 Portionen – ca. 20 Minuten Zubereitungszeit

Zutaten:

600 g Kartoffeln

Pflanzenöl

200 g Feta

Paprikapulver, Kreuzkümmel gemahlen, Cayennepfeffer,
Salz und TK-Petersilie

Zubereitung:

- Ungeschälte, aber gewaschene Kartoffeln in je 8 Spalten schneiden. Eine gusseiserne Pfanne o.ä. 2,5 cm hoch mit Pflanzenöl füllen und erhitzen.

- Die Kartoffelecken darin nebeneinander bei mittlerer Hitze unter gelegentlichem Wenden mindestens 10 Minuten von allen Seiten goldbraun anbraten.

- Feta in Würfel schneiden.

- Paprikapulver, Kreuzkümmel, Cayennepfeffer und Salz in einer kleinen Schüssel gut vermischen. Beiseite stellen.

- Wenn die Kartoffelspalten schön goldbraun sind mit einem Schaumlöffel herausnehmen und auf Küchenpapier abtropfen lassen.

- Die abgetropften noch heißen Kartoffelspalten in eine große Schüssel geben und mit der darüber gestreuten Gewürzmischung vorsichtig vermischen.

- Auf einem vorgewärmten Teller oder Schüssel anrichten, mit TK-Petersilie oder anderen Gewürzen nach Geschmack bestreuen die Feta Würfel dazu reichen und heiß verzehren.

TIPP: Aus etwas Sauerrahm und einer fein gehackten Knoblauchzehe lässt sich im Handumdrehen noch ein sehr pikanter Dip dazu zaubern.

Knoblauchchampignon

2 Portionen – ca. 20 Minuten Zubereitungszeit

Zutaten:

1 großes Glas ganze Champignon, 800 g

3 EL Olivenöl

2 Knoblauchzehen

100 g Bacon

1 EL Zitronensaft

Salz, Pfeffer, TK-Kräuter wie Petersilie, Majoran

Zubereitung:

- Champignon in ein Sieb abschütten und abtropfen lassen.

- Knoblauchzehen schälen und fein zerhacken.

- Bacon in feine Stücke schneiden.

- Olivenöl in der Pfanne erhitzen.

- Den Knoblauch dazu geben und circa 30-60 Sekunden leicht bräunen, die Champignon und den Bacon zufügen. Bei mittlerer Hitze und unter ständigem Rühren dünsten, bis die Champignon das Öl vollständig aufgenommen haben.

- Die Champignon werden nun ihren Saft abgeben, danach nochmals 4-5 Minuten unter Rühren schmoren, bis der Saft verdampft ist.

- Zitronensaft hinzugeben und nach Geschmack salzen und andere Gewürze hinzugeben.

- Champignon und Bacon in Schälchen geben und heiß servieren.

Fischspieße mit Speck

2 Portionen – ca. 30 Minuten Zubereitungszeit

Zutaten:

500 g TK-Fischfilet

3 EL Olivenöl

Majoran und Thymian gerebelt

1 EL Zitronensaft

1 Knoblauchzehe

Salz und Pfeffer

8 Scheiben Bacon

Schaschlik-Spieße

Zubereitung:

- Die leicht angetauten TK-Fischfilets in mundgerechte Stücke schneiden und in eine Schüssel geben.

- Knoblauch schälen und zerdrücken, in eine zweite Schüssel mit den gerebelten Kräutern, dem Olivenöl und dem Zitronensaft geben und mit Salz und Pfeffer abschmecken.

- Über die Fischstücke geben und behutsam untermischen.

- Backofen auf Grillfunktion und auf 180 Grad vorheizen.

- In der Zeit der Fischmarinade die Speckstreifen jeweils längs und quer halbieren und die entstandenen Streifen aufrollen.

- Fischstücke aus dem Kühlschrank holen und je 2 Stücke Fisch und 2 Speckröllchen abwechselnd auf die Spieße stecken.

- Die Fischspieße auf ein mit Backpapier ausgelegtes Blech legen und unter gelegentlichem Wenden in 10 bis 15 Minuten gar braten, je nach gewünschtem Bräunungsgrad.

TIPP: Aus etwas Sauerrahm und einer Mischung aus Curry- und edelsüßem Paprikapulver lässt sich im Handumdrehen noch ein sehr dekorativer und pikanter Dip zaubern.

Tortilla mit Kidneybohnen und Bacon

2 Portionen – ca. 20 Minuten Zubereitungszeit

Zutaten:

150 g Bacon

1 kleine Zwiebel, oder 2 Frühlingszwiebeln

4 Eier

1 kleine Dose Kidneybohnen, 400 g

Salz und Pfeffer

2 EL Olivenöl

Zubereitung:

- Bacon würfeln.

- Zwiebel schälen und fein hacken.

- Die Eier in einer Schüssel leicht verquirlen.

TIPP: Unter die Eier etwas Milch und etwas Tomatenmark rühren. Das macht die Tortillas luftiger und gibt einen leichten fruchtigen Geschmack.

- Den gewürfelten Bacon dazugeben und mit Salz und Pfeffer würzen.

- Kidneybohnen in einem Sieb abspülen und abtropfen lassen.

- Öl in einer beschichteten Pfanne erhitzen und die fein gehackte Zwiebel zugeben bei mittlerer Hitze etwa 5 Minuten glasig werden lassen, aber nicht braun. Die Bohnen zugeben und unter Rühren etwa 1-2 Minuten braten.

- Die Ei-Mischung auch in die Pfanne geben und 4-5 Minuten stocken lassen bis die Unterseite je nach Geschmack gebräunt genug ist. Tortilla dazu immer wieder leicht mit einem Pfannenwender vom Pfannenboden und Pfannenrand lösen.

- Die Pfanne mit einem großen Teller abdecken und Pfanne samt Teller mit einem Schwung wenden. Die Tortilla liegt nun mit der gebräunten Seite auf dem Teller. Nun wieder zurück in die Pfanne gleiten lassen und die andere Seite weitere 2-3 Minuten weiterbraten. Auf vorgewärmten Tellern in Stücke geteilt servieren.

Spinat-Champignon-Tortilla

2 Portionen – ca. 30 Minuten Zubereitungszeit

Zutaten:

200 g TK-Blattspinat

3 Frühlingszwiebeln

2 EL Pflanzenöl

1 kl. Dose Champignon geschnitten, 330 g

Salz und Pfeffer

3 Eier

2 EL TK-Petersilie

2 EL kaltes Wasser

1-2 Brisen Muskatnuss gemahlen

Zubereitung:

- Champignon in einem Sieb abtropfen lassen.

- TK-Blattspinat unter kaltem Wasser zum Auftauen abspülen, und ausdrücken.

- Inzwischen Frühlingszwiebeln waschen, putzen und fein hacken.

- Pflanzenöl in einer Pfanne erhitzen, Hitze auf niedrige Stufe reduzieren und die fein gehackten Frühlingszwiebeln dazugeben. Unter gelegentlichem Umrühren glasig dünsten. Die Champignon zugeben und unter häufigem Rühren ca. 4 Minuten andünsten. Auf mittlere Hitze hoch schalten, den Spinat zugeben und ebenfalls unter häufigem Rühren ca. weitere 4 Minuten dünsten. Vom Herd nehmen und mit Salz und Pfeffer abschmecken. Alles in eine Schüssel geben. Pfanne wird nochmals benötigt.

- Die Eier, die Petersilie, das Wasser, geriebene Muskatnuss sowie Salz und Pfeffer in einer Schüssel verquirlen.

- Die Mischung in die noch warme und gefettete Pfanne geben und 5-8 Minuten braten, bis die Unterseite trocken ist. Den Rand ab und zu mit dem Pfannenwender anheben um flüssiges Ei unter die Tortilla laufen zu lassen.

Thunfisch-Käse-Eier

2 Portionen – ca. 30 Minuten Zubereitungszeit

Zutaten:

8 Eier

1 Knoblauchzehe

50 g Thunfisch,
Rest der Dose für Brotaufstrich

1 TL Meerrettich

1 TL Tomatenmark

50 g Hartkäse

4 EL Olivenöl

2 EL Zitronensaft

Salz, Pfeffer und Chiliflocken

1 Frühlingszwiebel

4 Tortilla-Wraps

Zubereitung:

- Eier hart kochen, abgießen und in kaltem Wasser abkühlen lassen.

- Knoblauch schälen und pressen.

- Hartkäse reiben.

- Thunfisch, Olivenöl, Zitronensaft, geriebenen Hartkäse und gepressten Knoblauch in eine Schüssel geben für die Eierfüllung.

- Restlichen Thunfisch mit Meerrettich und Tomatenmark in einer kleinen Schüssel als Aufstrich für die Wraps cremig verrühren.

- Frühlingszwiebel waschen, putzen, in feine Ringe schneiden, beiseite stellen.

- Die abgekühlten Eier pellen und längs halbieren.

- Die Eigelbe vorsichtig herausheben und in die Schüssel zur Eierfüllung geben.

- Mit einem Stabmixer zu einer Paste verarbeiten und mit Salz und Pfeffer abschmecken.

- Die Paste mit einem Teelöffel in die halben Eier einfüllen.

- Die gefüllten Eierhälften auf Tellern anrichten mit den Frühlings-zwiebelringen und mit den Chiliflocken n.B. bestreuen.

- Aufgewärmte Tortilla-Wraps mit dem Thunfischaufstrich bestreichen und gerollt dazu servieren.

Tortilla mit Bacon und Mais

2 Portionen – ca. 20 Minuten Zubereitungszeit

Zutaten:

1 Dose Mais, ca. 330 g

1 Frühlingszwiebel

150 g Bacon

4 Eier

Salz und Pfeffer

2 EL Olivenöl

Zubereitung:

- Mais in ein Sieb geben, unter kaltem Wasser abspülen und abtropfen lassen.
- Frühlingszwiebel waschen, schälen und in feine Ringe schneiden.
- Bacon in feine Streifen schneiden.
- Eier in einer Schüssel leicht verquirlen und mit Salz und Pfeffer würzen.
- Das Öl in einer Pfanne erhitzen, die Zwiebel und den Bacon zugeben und unter Rühren braten.
- Den abgetropften Mais dazugeben und kurz unter Rühren mitbraten.
- Die Ei-Mischung in die Pfanne geben, stocken lassen und leicht bräunen.

Tipp: Die Tortilla mit einem Pfannenwender leicht vom Pfannenrand und dem Pfannenboden lösen. Das auf der Oberseite noch flüssige Ei darf dabei ruhig auf den Pfannenboden laufen.

Baskische Rühreier

2 Portionen – ca. 20 Minuten Zubereitungszeit

Zutaten:

1 mittlere Zwiebel

3 EL Olivenöl

400 g TK-Paprika

1 Dose Tomaten, ca. 400 g

6 Eier

Salz und Pfeffer

Zubereitung:

- Backofen auf 150 Grad Ober und Unterhitze vorheizen.
- Zwiebel schälen und fein hacken.
- 2 Esslöffel des Olivenöles in einer Pfanne auf mittlerer Stufe erhitzen.
- Zwiebel darin andünsten und den TK-Paprika dazugeben, bis der Paprika durchgegart ist.
- Die Tomaten zugeben und aufkochen.
- Das Gemüse auf einen Teller geben und kurz beiseite stellen.
- Eier mit Salz und Pfeffer verquirlen.
- Restliches Olivenöl in die schon benutzte Pfanne geben und erhitzen.
- Die Eier dazugeben und unter Rühren stocken lassen.
- Gemüse zurück in die Pfanne geben und untermischen.
- Sofort heiß servieren mit erwärmten Tortilla-Wraps warmem Toast oder Brot genießen.

Flamenco Eier

2 Portionen – ca. 30 Minuten Zubereitungszeit

Zutaten:

4 EL Olivenöl

1 mittlere Zwiebel

2 Knoblauchzehen

1 Dose Mais, ca. 330 g

1 Dose Tomaten, ca. 400 g

1 EL TK-Petersilie

Salz und Chiliflocken

4 Eier

Zubereitung:

- Den Backofen auf 180 Grad, Ober und Unterhitze vorheizen.

- Mais in einem Sieb abtropfen lassen.

- Zwiebel schälen und in Ringe schneiden.

- Knoblauch schälen und fein hacken.

- Olivenöl in einer Pfanne erhitzen, Zwiebel und Knoblauch unter gelegentlichem Rühren glasig dünsten.

- Mais, Tomaten und die Petersilie unter die Zwiebeln und Knoblauch mischen.

- Mit Salz und den Chiliflocken abschmecken, kurz köcheln lassen.

- Die Mischung in eine Auflaufform füllen und mit einem Löffel vier Vertiefungen in die Masse drücken.

- Jeweils ein Ei in eine Vertiefung schlagen.

- Im vorgeheizten Backofen 15 – 20 Minuten backen bis die Eier gestockt sind.

Röstpaprika mit feurig-scharfem Käse

2 Portionen – ca. 20 Minuten Zubereitungszeit

Zutaten:

1 kleine Dose Kichererbsen, 310 g

400 g TK-Paprika

2 EL Olivenöl

125 g Hartkäse

Für die Marinade:

1 EL Zitronensaft

Salz, Pfeffer und Chiliflocken

1 EL Olivenöl

Zubereitung:

- Kichererbsen in ein Sieb abschütten, kalt abspülen und abtropfen lassen.
- Käse in kleine Würfel schneiden.
- Marinade in einer Schüssel vorbereiten und Käsewürfel unterheben und beiseite stellen.
- TK-Paprika mit dem Öl in die vorgeheizte Pfanne geben, anbraten bis der Paprika durchgegart ist.
- Kichererbsen in die Pfanne dazugeben.
- Die Paprika-Kichererbsen-Mischung auf Tellern anrichten und mit dem marinierten Käse bestreuen.

Spaghetti-Tortilla mit Bacon

2 Portionen – ca. 20 Minuten Zubereitungszeit

Zutaten:

250 g Spaghetti

150 g Bacon

4 Eier

1 EL Tomatenmark

Salz und Pfeffer

1 EL TK-Kräuter

2 EL Olivenöl

Zubereitung:

- Spaghetti gemäß Anleitung kochen, abgießen und in eine große Schüssel geben und in Stücke zerschneiden.

- Bacon in feine Streifen schneiden.

- Eier in eine mittlere Schüssel schlagen und mit dem Tomatenmark, dem Salz, Pfeffer und den Kräutern verquirlen und zu den Spaghetti in die große Schüssel geben.

- Spaghetti mit den anderen Zutaten in der Schüssel gut vermengen.

- Olivenöl in einer Pfanne erhitzen und die Spaghetti Masse dazugeben.

- Bei mittlerer Hitze stocken lassen und die gesamte Tortilla Masse gut anbraten. Hin und wieder mit dem Pfannenwender die Tortilla vom Rand her leicht anheben, damit nichts anhängt.

- Die Tortilla mit dem Pfannenwender teilen und auf zwei vorbereitete Teller gleiten lassen.

Tipp: Mit einem guten trockenen spanischen Rotwein genießen.

Suppe / Curry	Kichererbsen	Champignon	Tomaten	Asia Gemüse	Kokosmilch	Buntes Gemüse	Fischfilet	Blattspinat	Hackfleisch	Feta	Räucherlachs	Bacon	Kartoffeln	Rote Linsen	Couscous	Mie Nudeln	Reis
Kichererbsen			78														
Champignon									80							73	
Tomaten	78				68											84	79
Asia Gemüse																	76
Kokosmilch			68										71	77			
Buntes Gemüse													83				
Fischfilet																70	
Blattspinat									69							74	
Hackfleisch		80															
Feta								69									
Räucherlachs													75		82		
Bacon													72				
Kartoffeln					71	83					75	72					
Rote Linsen					77												
Couscous											82						
Mie Nudeln		73	84				70	74									
Reis			79	76													

Die heißgeliebte Suppe, das Curry

Der erste dampfende Löffel und schon entspannen sich die Gesichtszüge und wohlige Wärme breitet sich im Körper aus.

Die heiße Suppe, davon gibt es tausende von Varianten. In diesem Buch bekommen Sie Ideen für viele Geschmäcker. Es gibt Klassiker, aber auch ausgefallenere Suppen werden wir Ihnen für Ihre schnelle Küche ohne Einkaufen anbieten. Suppe steht als Synonym für Wohlbefinden und Gemütlichkeit.

Suppe ist eine leichte Nahrung, ist fettarm – von Creme und Sahnesuppen abgesehen – macht satt und liegt nicht im Magen. Sie enthält viel Flüssigkeit, was für viele Menschen ein wichtiger Faktor ist, da sie oft zu wenig trinken.

Suppe ist also sehr reich an Nährstoffen, da alle beim Kochen gelösten Nährstoffe mitgegessen werden. Hülsenfrüchte und Fleisch machen Ihre Suppe proteinreicher. Reis, Teigwaren und Kartoffeln erhöhen den Kohlenhydratgehalt. Suppe ist rundum gesund!

Bei Suppen oder auch Currys ist der alles entscheidende Faktor die Menge der Flüssigkeit. Wir haben hier Durchschnittsmengen angegeben. Möchten Sie die Speisen lieber dickflüssiger oder eher wässriger, dann variieren Sie einfach nach Ihrem Bedarf.

Tomaten-Kokos-Suppe

2 Portionen – ca. 20 Minuten Zubereitungszeit

Zutaten:

4 Frühlingszwiebeln

1 EL Pflanzenöl

1 kleine Dose Tomaten, 400 g

1 Dose Kokosmilch, 400 ml

400 ml Brühe

Currypulver

1 EL Zitronensaft

Zubereitung:

- Frühlingszwiebeln waschen, putzen und in feine Ringe schneiden.
- Pflanzenöl im Topf erhitzen, darin Frühlingszwiebeln bei mittlerer Hitze ca. 2 Minuten andünsten.
- Kokosmilch und Tomaten dazugeben, alles einmal aufkochen.
- Brühe dazugeben und die Suppe bei schwacher Hitze ca. 5 Minuten köcheln.
- Mit Zitronensaft und Curry abschmecken.

TIPP: Dazu Brot o.ä. servieren.

Blattspinatsuppe mit Feta

2 Portionen – ca. 20 Minuten Zubereitungszeit

Zutaten:

400 g TK Blatt Spinat

1 kleine Zwiebel

1 Knoblauchzehe

1 EL Pflanzenöl

1 Liter Brühe

1 EL Tomatenmark

Muskatnuss, Salz und Pfeffer

100 g Feta

Zubereitung:

- Tiefgekühlter Blattspinat in ein Sieb geben, zum Auftauen unter fließendem Wasser abspülen und ausdrücken.

- In kleine Stücke schneiden, beiseite stellen.

- Brühe zubereiten.

- Knoblauch und Zwiebel schälen und fein hacken.

- Knoblauch und Zwiebel im Öl in einer Pfanne anbraten.

- Blattspinat dazugeben und ca. 5 - 10 Minuten mitdünsten.

- Feta würfeln.

- Tomatenmark dazugeben und verrühren, mit Salz, Pfeffer und Muskat nach Belieben würzen.

- Mit der Brühe aufgießen, kurz aufkochen, vom Herd nehmen.

- Suppe in Teller geben und mit Feta Würfeln toppen.

TIPP: Zur weiteren Verfeinerung zwei geviertelte, hartgekochte Eier als Garnierung auf die Suppe legen.

Asiatische Fischsuppe

2 Portionen – ca. 25 Minuten Zubereitungszeit

Zutaten:

4 Frühlingszwiebeln	250 g Mie-Nudeln
1 Knoblauchzehe	Salz und Pfeffer
2 EL Pflanzenöl	1 EL edelsüßer Paprika
1 L Gemüsebrühe	½ TL Chiliflocken
300 g TK-Fischfilet	1 EL Koriander gemahlen
3 EL Zitronensaft	1 EL Sojasoße

Zubereitung:

- Frühlingszwiebeln waschen, putzen und in grobe Ringe schneiden. Knoblauch schälen und fein hacken.

- Das gefrorene TK-Fischfilet in grobe Stücke schneiden, in eine Schüssel geben und mit dem Zitronensaft beträufeln, leicht salzen und beiseite stellen.

- Mie-Nudeln nach Packungsanweisung garen, in ein Sieb abgießen und kalt abbrausen, in eine Schüssel geben, klein schneiden und beiseite stellen.

- Zwiebeln und Knoblauch mit Öl in einem Topf bei mittlerer Hitze ca. 5 Minuten andünsten, danach mariniertes Fischfilet dazugeben und weitere 5 Minuten bei mittlerer Hitze dünsten.

- Die Gemüsebrühe dazu gießen, alles kurz aufkochen und zugedeckt ca. 10 Minuten leicht köcheln lassen.

- Die Mie-Nudeln zur Fischsuppe geben, mit den Gewürzen nach Bedarf abschmecken.

Kartoffel-Kokos-Curry

2 Portionen – ca. 25 Minuten Zubereitungszeit

Zutaten:

500 g Kartoffeln

2 EL Pflanzenöl

1 kleine Zwiebel

300 ml Brühe

1 Dose Kokosmilch

1 TL Zitronensaft

1 Prise Kurkuma gemahlen

Salz und Pfeffer

1 TL Koriander gemahlen

1 TL Sojasoße

Zubereitung:

- Kartoffeln schälen, vierteln und in Würfel schneiden. In genügend Salzwasser gar kochen.

- Währenddessen die Zwiebel schälen und fein hacken. Im Öl glasig dünsten und die Brühe erhitzen. Beides beiseite stellen.

- Die fertiggegarten Kartoffeln abschütten. Zu den Kartoffeln nach und nach die Hälfte der Brühe gießen und mit dem Stabmixer pürieren. Kokosmilch und die gedünsteten Zwiebeln zugeben und fertig pürieren. Die restliche Brühe soweit zugeben, bis die gewünschte Konsistenz erreicht ist.

- Mit dem Zitronensaft, Sojasoße und den Gewürzen nach Wunsch abschmecken.

Herzhafte Potatoe-Soup

2 Portionen – ca. 30 Minuten Zubereitungszeit

Zutaten:

500 g Kartoffeln

1 kleine Zwiebel

1 EL Pflanzenöl

1 Liter Brühe

6 Streifen Bacon

Salz, Pfeffer, Muskatnuss gerieben

2 EL Sauerrahm

TK-Kräuter

Zubereitung:

- Die Kartoffeln schälen, vierteln und in gesalzenem Wasser gar kochen.
- Währenddessen die Zwiebel schälen und fein hacken, mit dem Öl in einer Pfanne andünsten und in eine Schüssel geben und beiseite stellen.
- Die Bacon-Scheiben in feine Streifen schneiden und in der gefetteten Pfanne gut anbraten, ebenfalls beiseite stellen.
- Brühe vorbereiten.
- Kartoffel abschütten, Zwiebel dazugeben und mit dem Stabmixer pürieren.
- Mit Salz, Pfeffer und Muskat würzen unter Rühren kurz aufkochen und in die Schalen geben.
- Als Topping je ein Esslöffel Sauerrahm und die TK-Kräuter darauf geben. Den Bacon darauf streuen.

Schnelle Mie-Nudelsuppe

2 Portionen – ca. 15 Minuten Zubereitungszeit

Zutaten:

1 kleine Zwiebel

1 Knoblauchzehe

1 Dose Champignon, 330 g

1 EL Pflanzenöl

Sojasauce

1 Liter Brühe

125 g Mie-Nudeln

Für das Topping :

1 Frühlingszwiebel

Sojasauce

Pflanzenöl

2 Eier

Chiliflocken

Zubereitung:

- Die Zwiebel und den Knoblauch schälen und sehr fein schneiden.
- Zwiebel und Knoblauch im Öl in einem Topf anbraten, Champignon dazugeben und nochmals anbraten.
- Mit Sojasauce und Brühe ablöschen und zum Kochen bringen, beiseite stellen.
- Die Mie-Nudeln separat nach Packungsanleitung kochen.
- Inzwischen mit dem Topping beginnen.
- Die Eier hart kochen und kalt abschrecken, beiseite stellen.
- Frühlingszwiebel waschen, schälen, putzen, in feine Ringe schneiden.
- Die Eier schälen und halbieren.
- Die Mie-Nudeln in die Schüsseln geben, die Brühe dazu gießen und die Toppings darauf verteilen.

Grüne Mie-Nudelsuppe

2 Portionen – ca. 20 Minuten Zubereitungszeit

Zutaten:

125 g Mie-Nudeln

2 Frühlingszwiebeln

1 Knoblauchzehe

1 EL Pflanzenöl

200 g TK-Blattspinat

600 ml Brühe

2 EL Sojasoße

Muskatnuss gerieben, Koriander gemahlen und Chiliflocken

Zubereitung:

- Mie-Nudeln laut Packungsanleitung kochen, in ein Sieb abgießen.

- Brühe bereitstellen.

- Frühlingszwiebeln waschen, schälen und in feine Ringe schneiden.

- Knoblauch fein hacken.

- Frühlingszwiebeln und Knoblauch im Topf mit Öl bei mittlerer Hitze andünsten.

- Den tiefgekühlten Blattspinat in Streifen schneiden und mit in den Topf geben.

- Kurze Zeit mitdünsten. Mit der Sojasoße und Brühe ablöschen.

- Kurz aufköcheln lassen.

- Mie-Nudeln in die Schalen verteilen und mit Brühe übergießen. Mit den Gewürzen abschmecken und servieren.

Skandinavische Kartoffelsuppe

2 Portionen – ca. 25 Minuten Zubereitungszeit

Zutaten:

500 g Kartoffeln	1 EL Zitronensaft
1 kleine Zwiebel	Salz und Pfeffer
1 EL Pflanzenöl	1 TL Kurkuma gemahlen
1 Liter Brühe	2 EL Sauerrahm
200 g Räucherlachs	TK-Kräuter (ideal Dill)

Zubereitung:

- Die Kartoffeln schälen, vierteln und in gesalzenem Wasser gar kochen.
- Währenddessen die Zwiebel schälen und fein hacken, mit dem Öl in einer Pfanne andünsten und in eine Schüssel geben und beiseite stellen.
- Den Räucherlachs in feine Streifen schneiden.
- Brühe vorbereiten.
- Kartoffeln abschütten, Zwiebel dazugeben und mit dem Stabmixer pürieren.
- Mit Salz, Pfeffer, Zitronensaft und Kurkuma würzen unter Rühren kurz aufkochen und in die Schalen geben.
- Als Topping je ein Esslöffel Sauerrahm und die TK-Kräuter darauf geben. Den Lachs darauf verteilen.

Gemüsereis-Eintopf Fernost

2 Portionen – ca. 20 Minuten Zubereitungszeit

Zutaten:

120 g Reis

1 Liter Brühe

1 mittlere Zwiebel

1 EL Pflanzenöl

400 g TK-Asia-Gemüse

2 EL Sojasoße

1 TL Kurkuma gemahlen

1 TL Chiliflocken

Salz und Pfeffer

Zubereitung:

- Reis gemäß Packungsanleitung kochen.
- Brühe zubereiten.
- Zwiebel schälen in feine Ringe schneiden und in Öl andünsten.
- Tiefgekühltes Asia-Gemüse zugeben und bei starker Hitze anbraten, vom Herd nehmen.
- Mit den Gewürzen abschmecken.
- Brühe zugeben, Reis unterheben und nochmals kurz aufkochen.

Rote Linsen-Kokos-Suppe

2 Portionen – ca. 20 Minuten Zubereitungszeit

Zutaten:

120 g rote Linsen

1 Knoblauchzehe

1 kleine Zwiebel

1 EL Pflanzenöl

1 Dose Kokosmilch, 400 ml

Currypulver

800 ml Brühe

2-3 EL Zitronensaft

Für das Topping:

1 Frühlingszwiebel

Zubereitung:

- Rote Linsen gemäß Packungsanleitung zubereiten.
- Knoblauch und Zwiebel schälen und kleinhacken.
- Frühlingszwiebeln waschen, schälen und in feine Ringe schneiden und beiseite stellen.
- Pflanzenöl im Topf erhitzen, darin Knoblauch und Zwiebeln bei mittlerer Hitze ca. 2 Minuten anbraten.
- Kokosmilch und Brühe dazugeben, alles einmal kurz aufkochen.
- Rote Linsen unterheben und mit Zitronensaft und Currypulver abschmecken.
- Als Topping die Frühlingszwiebelringe darüber streuen.

Tipp: Dazu Brot o.ä. servieren.

Kichererbsen-Suppe

2 Portionen – ca. 25 Minuten Zubereitungszeit

Zutaten:

1 Dose Kichererbsen, 310 g

1 kleine Zwiebel

1 Knoblauchzehe

1 EL Pflanzenöl

250 ml heißes Wasser

1 Dose Tomaten, 400 g

1 TL Kreuzkümmel gemahlen

1 TL Kurkuma gemahlen

Salz, Pfeffer, Zitronensaft und TK-Petersilie

Zubereitung:

- Kichererbsen in ein Sieb geben, abbrausen und abtropfen lassen.
- Zwiebel und Knoblauch schälen, fein würfeln und in einem Topf mit dem Öl andünsten.
- Die Tomaten mit dem Saft und das heiße Wasser in den Topf dazugeben.
- Die Suppe aufkochen und ein Drittel der Kichererbsen dazugeben und ca. 15 Minuten leicht köcheln.
- Die Suppe im Topf mit dem Stabmixer pürieren und würzen.
- Restliche Kichererbsen dazugeben, unterheben und nochmals kurz erwärmen.
- Suppe in die Teller geben und mit Salz, Pfeffer, dem Zitronensaft und der Petersilie nach Belieben abschmecken.

Tomaten-Reis-Suppe

2 Portionen – ca. 20 Minuten Zubereitungszeit

Zutaten:

60 g Reis	Chiliflocken
½ TL Kurkuma	2 Dosen Tomaten, je 400 g
2 Frühlingszwiebeln	600 ml Brühe
1 EL Pflanzenöl	1 EL TK-Kräuter

Zubereitung:

- Reis gemäß Packung zubereiten. In das Kochwasser von Anfang an Kurkuma geben.
- Frühlingszwiebeln waschen, putzen und in feine Ringe schneiden.
- Pflanzenöl im Topf erhitzen, darin Frühlingszwiebeln bei mittlerer Hitze ca. 2 Minuten andünsten.
- Tomaten dazugeben, alles einmal aufkochen.
- Brühe dazugeben und die Suppe bei schwacher Hitze ca. 5 Minuten köcheln.
- Den gargekochten Reis und die TK-Kräuter unterheben.
- Anrichten und mit den Chiliflocken nach Belieben bestreuen.

Hackfleisch-Pilz-Suppe Übernachtgericht

2 Portionen – ca. 25 Minuten Zubereitungszeit

Zutaten:

4 Frühlingszwiebeln

2 EL Pflanzenöl

500 g Hackfleisch

1 kleines Glas Champignon, ca. 330 g

Salz und Pfeffer

1 Liter Brühe

1 Becher Sahne

1 EL Frischkäse oder Sauerrahm

2 EL TK-Kräuter

1 Prise Muskatnuss gerieben

Zubereitung:

- **Vorbereitung am Vortag:**
  500 g Hackfleisch über Nacht im Kühlschrank auftauen. Für dieses Rezept benötigen Sie nur 250 Gramm Hackfleisch. Bereiten Sie aber ruhig die ganzen 500 Gramm mit diesem Rezept zu.

- Frühlingszwiebeln waschen, putzen und in dünne schräge Streifen schneiden.

- Hackfleisch mit dem Öl in einer Pfanne krümelig braten.

- Pilze und Frühlingszwiebeln zu den 250 Gramm Hackfleisch dazugeben und 5 Minuten mit garen.

- Mit Salz und Pfeffer würzen.

- Mit der Brühe ablöschen und ca. 15 Minuten bei schwacher Hitze garen.

- Sahne und den Frischkäse/Sauerrahm unterrühren.

- Mit den Kräutern und dem Muskat abschmecken.

TIPP: Die Hälfte des Hackfleisches in eine kleine Schüssel geben, abkühlen lassen und in den Kühlschrank stellen. Am nächsten Tag als Grundlage für ein Gericht mit Wraps verwenden.

Couscous-Suppe mit Räucherlachs

2 Portionen – ca. 30 Minuten Zubereitungszeit

Zutaten:

200 g Räucherlachs

2 Frühlingszwiebeln

1 EL Pflanzenöl

60 g Couscous

1 EL Pflanzenöl

1 Liter Brühe

Pfeffer und Muskat gemahlen

1 Becher Sauerrahm

1 EL TK-Kräuter

Zubereitung:

- Räucherlachs in kleine Stücke schneiden und beiseite stellen.
- Frühlingszwiebeln waschen, schälen und in dünne Ringe schneiden.
- Mit dem Öl in einer kleinen Pfanne andünsten, beiseite stellen.
- Öl in einen Topf geben, Couscous unter ständigem Rühren leicht anbräunen. (Couscous sollte einen nussigen Geschmack verströmen)
- Sofort mit der Brühe aufgießen und 20 Minuten bei mittlerer Hitze köcheln.
- Vom Herd nehmen und mit Pfeffer und Muskat nach Belieben würzen.
- Sauerrahm unterrühren.
- In Teller geben und mit den Kräutern bestreut servieren.

Gemüse-Creme-Suppe

2 Portionen – ca. 25 Minuten Zubereitungszeit

Zutaten:

1 mittlere Zwiebel

2 mittlere Kartoffeln

100 g Hartkäse

1 EL Pflanzenöl

400 g buntes TK-Gemüse

1 Liter Brühe

3 EL Sahne

1 TL Curry

Pfeffer

Zubereitung:

- Zwiebel schälen und in feine Würfel schneiden, in eine kleine Schüssel geben.
- Kartoffel schälen und in kleine Würfel schneiden, ebenfalls in eine kleine Schüssel geben.
- Hartkäse reiben und in einer kleinen Schüssel beiseite stellen.
- Öl in einer Pfanne erhitzen, darin die Zwiebel und die Kartoffelwürfel gut andünsten.
- Das gefrorene TK-Gemüse kurz mitdünsten.
- Mit der Brühe ablöschen und 20 Minuten bei mittlerer Hitze köcheln.
- Den Topfinhalt mit dem Stabmixer pürieren.
- Mit Pfeffer, Curry und Sahne abschmecken.
- Den geriebenen Käse unterziehen und in Suppenschalen servieren.

Tomaten-Mie-Nudelsuppe

2 Portionen – ca. 20 Minuten Zubereitungszeit

Zutaten:

250 g Mie-Nudeln

1/2 TL Kurkuma gemahlen

2 Frühlingszwiebeln

1 EL Pflanzenöl

Chiliflocken

2 Dosen Tomaten, je 400 g

600 ml Brühe

1 EL TK-Kräuter

Zubereitung:

- Mie-Nudeln gemäß Packung zubereiten. In das Kochwasser von Anfang an Kurkuma geben. Abgießen, beiseite stellen.

- Frühlingszwiebeln waschen, putzen und in feine Ringe schneiden.

- Pflanzenöl im Topf erhitzen, darin Frühlingszwiebeln bei mittlerer Hitze ca. 2 Minuten andünsten.

- Tomaten dazugeben, alles einmal aufkochen.

- Brühe dazugeben und die Suppe bei schwacher Hitze ca. 5 Minuten köcheln.

- Die fertigen Mie-Nudeln und die TK-Kräuter unterheben.

- Anrichten und mit den Chiliflocken nach Belieben bestreuen.

Ofen	Buntes Gemüse	Chicken Wings	Tomaten	Fischfilet	Hackfleisch	Kidneybohnen	Wrap	Blattspinat	Grüne Bohnen	Räucherlachs	Asia Gemüse	Kartoffeln	Couscous	Pasta	Reis
Buntes Gemüse													104		
Chicken Wings							91				97	88	94		92
Tomaten									101						
Fischfilet									95			90			
Hackfleisch												102			
Kidneybohnen															100
Wrap		91													
Blattspinat										98			96		
Grüne Bohnen			101	95											
Asia Gemüse		97													
Räucherlachs								98				93			
Kartoffeln		88		90	102					93					
Couscous	104	94													
Pasta								96							
Reis		92		100											

Aus dem Ofen

Kochen kann so einfach sein – das ist ja auch das Motto unseres Buches. Alles, was Sie brauchen, ist ein Back-ofen, ein Blech oder eine Auflaufform und viele unserer Zutaten ohne Ein-kaufen.

Was vor allem für die Variante „ab in den Ofen" spricht: Die Zutaten werden vorbereitet und in die Form gefüllt oder geschichtet. Danach haben Sie eine halbe bis eine Stunde Zeit, während das Gericht im Ofen steht. Scharfe Chicken Wings, ein herzhafter Auflauf und die extra-große Portion knuspriger Backofenkartoffel wer-den Sie schnell und schmackhaft satt machen.

Wem läuft bei einem goldbraunen Auflauf mit knuspriger Oberfläche nicht das Wasser im Mund zusam-men?

Das Tollste an Gerichten vom Blech ist, dass sie extrem wenig Arbeit machen, denn während der Zeit im Ofen gibt es nichts weiter zu tun und man hat keinen Berg von Töpfen, Schüsseln und anderem zu spülen.

In den Zubereitungszeiten ist die durchschnittliche Aufheizzeit des Backofens nicht berücksichtigt. Also ein Rezept mit 35 Minuten Zube-reitung und Backofenbenutzung beansprucht in Wirklichkeit circa 10 Minuten mehr Zeit.

Wie knusprig oder gebräunt Ihr Gericht aus dem Ofen auf den Teller kommt, entscheiden selbstverständ-lich nur Sie! Wir geben nur Anhalts-punkte mit der Back- oder Grillzeit. Ebenso verhält es sich auch mit den Mengenangaben bei den Gewürzen. Ihr Geschmack entscheidet, wann etwas knusprig, kreolisch oder ara-bisch genug ist für Ihren Gaumen. **Die Rezepte mit Hackfleisch sind Übernachtgerichte.**

Anatolischer Kartoffelauflauf mit Chicken Wings

2 Portionen – ca. 40 Minuten Zubereitungszeit

Zutaten:

Für die Marinade:

2 Knoblauchzehen

1 Becher Sahne

2 EL Tomatenmark

3 EL Olivenöl

Salz und Pfeffer

1 TL edelsüßer Paprikapulver

Kreuzkümmel gemahlen

1 TL TK-Kräuter

Für den Auflauf:

600 g Kartoffeln

1 große Zwiebel

600 g Chicken Wings

1 TL Salz

Zubereitung:

- Backofen auf 200 Grad Ober und Unterhitze vorheizen.

- Knoblauch schälen fein hacken.

- Mit den übrigen Zutaten der Marinade in einer kleinen Schüssel vermischen.

- Kartoffeln schälen und in Scheiben schneiden.

- Zwiebel schälen und in feine Scheiben schneiden.

- In eine geölte Auflaufform die Kartoffelscheiben und die Chicken Wings verteilen.

- Die Marinade darüber gießen und alles miteinander vermischen.

- Die Auflaufform auf der mittleren Schiene bei 200 Grad Ober/Unterhitze für 25 bis 35 Minuten in den Backofen geben.

Fischfilet mit Meerrettich-Kartoffel-Stampf

2 Portionen – ca. 30 Minuten Zubereitungszeit

Zutaten:

400 g Kartoffeln	1 EL Pflanzenöl
400 g TK-Fischfilet	2 EL Meerrettich
1 EL Zitronensaft	Muskatnuss gerieben
1 EL Majoran	Salz
Salz und Pfeffer	1 EL Olivenöl

Zubereitung:

- Ofen auf 220 Grad vorheizen, Ober und Unterhitze.

- Kartoffeln schälen, vierteln und in kochendem Salzwasser ca. 25 Minuten garen.

- In der Zwischenzeit das Fischfilet mit dem Zitronensaft, dem Majoran, Salz, Pfeffer und dem Pflanzenöl einreiben und in eine feuerfeste Form legen.

- Wenn der Ofen vorgeheizt ist, die feuerfeste Form mit dem Fisch in den Ofen auf die mittlere Schiene schieben. Für etwa 15 bis 20 Minuten.

- Die gegarten Kartoffeln abgießen und mit einem Stampfer grob bis fein nach Belieben zerstampfen. Den Meerrettich, die geriebene Muskatnuss, Salz und Olivenöl hinzufügen.

- Wenn der Fisch die gewünschte Bräune erreicht hat, mit dem Kartoffelstampf auf einem Teller anrichten.

Gegrillte Chicken Wings in Knoblauch-Zitronen-Marinade

2 Portionen – ca. 35 Minuten Zubereitungszeit

Zutaten:

900 – 1000 g Chicken Wings

4 – 6 Wraps

Für die Marinade:

4 Knoblauchzehen

1 EL Chiliflocken

4 EL Zitronensaft

2 EL Senf

1 EL Thymian gerebelt

1 EL edelsüßes Paprikapulver

Pfeffer

4 EL Olivenöl

Zubereitung:

- Backblech mit Backpapier auslegen und beiseite stellen.
- Backofen auf 200 Grad Ober und Unterhitze vorheizen.
- Knoblauch schälen und pressen und mit den restlichen Zutaten der Marinade in einer großen Schüssel vermengen.
- Chicken Wings in die Schüssel geben und vermengen.
- Marinierte Chicken Wings auf das Backblech geben und ca. 20 bis 30 Minuten bis zur gewünschten Bräunung grillen.
- Mit den erwärmten Wraps genießen.

Chicken Wings kreolisch mit Reis

2 Portionen – ca. 40 Minuten Zubereitungszeit

Zutaten:

600 g Chicken Wings

Für die Marinade:

120 g Reis

3 Knoblauchzehen

4 EL Pflanzenöl

3 EL Sojasoße

2 EL Zucker

4 EL Zitronensaft

1 TL Chiliflocken

Zubereitung:

- Backofen auf 200 Grad Ober und Unterhitze vorheizen.
- Backblech mit Backpapier auslegen und beiseite stellen.
- Reis gemäß Anweisung auf der Packung zubereiten.
- Knoblauch schälen und pressen und mit den restlichen Zutaten der Marinade in einer mittleren Schüssel vermengen.
- Chicken Wings auf das Backblech geben und ca. 25 – 35 Minuten bis zur gewünschten Bräunung grillen.
- Marinade über den Reis geben und vermengen. Nochmals kurz erwärmen und zu den Chicken Wings servieren.

Wedges mit Räucherlachs und Sour Cream

2 Portionen – ca. 35 Minuten Zubereitungszeit

Zutaten:

600 g Kartoffeln

1 EL Pflanzenöl

Salz und Pfeffer

1 TL edelsüßes Paprikapulver

1 Becher Sauerrahm

1-2 EL Meerrettich

200 g Räucherlachs

Zubereitung:

- Backofen auf 200 Grad Ober und Unterhitze vorheizen, vorher Backblech herausnehmen und mit Backpapier belegen.

- Kartoffeln schälen, achteln und in eine große Schüssel geben.

- Wedges mit dem ÖL, Salz, Pfeffer und dem Paprikapulver vermischen und alles gut verrühren.

- Gewürzte Wedges auf das Blech geben und auf die mittlere Schiene in den vorgeheizten Ofen schieben. Für 25 bis 30 Minuten im Backofen lassen, bis die gewünschte Bräunung erreicht ist.

- Sauerrahm in eine kleine Schüssel geben und den Meerrettich unterrühren.

- Die fertigen Wedges auf die Teller verteilen, je eine Hälfte der Lachsscheiben darauf legen und die Sour Cream dazugeben.

Chicken Wings arabisch auf Couscous

2 Portionen – ca. 40 Minuten Zubereitungszeit

Zutaten:

150 g Couscous

600 g Chicken Wings

Für die Marinade:

3 Knoblauchzehen

4 EL Pflanzenöl

4 EL Zitronensaft

1 TL Kreuzkümmel gemahlen

1 TL Kurkuma gemahlen

Zubereitung:

- Backofen auf 200 Grad Ober und Unterhitze vorheizen.

- Backblech mit Backpapier auslegen und beiseite stellen.

- Couscous gemäß Packungsanweisung zubereiten.

- Knoblauch schälen und pressen und mit den restlichen Zutaten der Marinade in einer mittleren Schüssel vermengen.

- Couscous in die Schüssel geben und vermischen.

- Couscous auf eine Hälfte des mit Backpapier ausgelegten Backbleches streichen.

- Chicken Wings auf den ausgestrichenen Couscous geben und ca. 25 – 35 Minuten bis zur gewünschten Bräunung grillen.

Fischfilet in Senfsauce mit grünen Bohnen

2 Portionen – ca. 25 Minuten Zubereitungszeit

Zutaten:

400 g TK grüne Bohnen

160 g Frischkäse

1 EL Senf

1 EL Zitronensaft

1 Knoblauchzehe

2 EL TK-Petersilie

400 g Fischfilet

Zubereitung:

- Backofen auf 220 Grad Ober und Unterhitze vorheizen.

- Grüne TK-Bohnen in Salzwasser bissfest garen.

- Inzwischen Frischkäse, Senf und Zitronensaft verrühren. Knoblauch schälen und dazu pressen, Petersilie untermischen, mit Salz und Pfeffer würzen.

- Grüne Bohnen abgießen, in eine Auflaufform geben und die Hälfte der Senfsoße darüber geben.

- Das tiefgekühlte Fischfilet auf die Bohnen legen, mit Salz und Pfeffer würzen, übrige Soße darauf verteilen.

- Auf mittlerer Schiene im Ofen ca. 15 Minuten garen. Das Gericht ist fertig, wenn die Senfsauce leicht Farbe annimmt.

Spinat-Nudel-Gratin

2 Portionen – ca. 25 Minuten Zubereitungszeit

Zutaten:

250 g Teigwaren	2 Eier
400 g TK-Blattspinat	1 Becher Sahne
100 g Hartkäse	Salz, Pfeffer und Muskat gemahlen

Zubereitung:

- Backofen auf 200 Grad Ober und Unterhitze vorheizen.
- Teigwaren gemäß Packungsanleitung zubereiten, abschütten und kalt abbrausen, abtropfen lassen, beiseite stellen.
- TK-Blattspinat in ein Sieb geben, kalt abbrausen, leicht ausdrücken und klein schneiden.
- Hartkäse reiben.
- Sahne mit den Eiern und den Gewürzen in eine kleine Schüssel geben und verquirlen.
- Die abgetropften Teigwaren in eine große Schüssel geben, Spinat darüber verteilen und mit der Sahne-Ei-Masse vermischen.
- In eine ofenfeste Auflaufform geben und mit dem geriebenen Käse bestreuen.
- Im Ofen auf die mittlere Schiene stellen und für ca. 15 Minuten goldgelb überbacken.

Chicken Wings mit Asia Gemüse und Dip

2 Portionen – ca. 35 Minuten Zubereitungszeit

Zutaten:

Für die Marinade:

3 Knoblauchzehen

6 EL Pflanzenöl

Salz, Pfeffer

1 EL Chiliflocken

1 EL edelsüßes Paprikapulver

1 EL Currypulver

600 g TK Asia Gemüse

600 g Chicken Wings

Für den Dip:

1 Becher Sauerrahm

Salz, Pfeffer

Zubereitung:

- Backblech mit Backpapier auslegen und beiseite stellen.
- Backofen auf 200 Grad Ober und Unterhitze vorheizen.
- Knoblauch schälen und pressen und mit den restlichen Zutaten der Marinade in einer großen Schüssel vermengen.
- Chicken Wings und TK Asia Gemüse in die Schüssel geben und gut vermengen.
- Marinierte Chicken Wings und TK Asia Gemüse auf das Backblech geben und ca. 25 bis 35 Minuten bis zur gewünschten Bräunung grillen.
- In der Zwischenzeit den Sauerrahm mit Salz und Pfeffer verrühren und als Dip servieren.

Norwegische Lachsrolle

2 Portionen – ca. 30 Minuten Zubereitungszeit

Zutaten:

6 Eier

150 g TK-Blattspinat

70 g Hartkäse

Salz, Pfeffer, Muskat gemahlen

1/2 Becher Sauerrahm

200 g Räucherlachs

1 EL Zitronensaft

Zubereitung:

- Backofen auf 200 Grad Ober und Unterhitze vorheizen.

- Die Eier in einer Rührschüssel schaumig aufschlagen.

- TK-Spinat in einem Sieb unter dem Wasserhahn kalt abbrausen, ausdrücken und in Streifen schneiden.

- Hartkäse raspeln.

- Spinat und Käse unter die Eier mischen.

- Mit Salz, Pfeffer und Muskat würzen.

- Backblech mit Backpapier auslegen und die Spinat-Ei-Masse auf dem Backpapier ausstreichen und auf der mittlere Schiene im Ofen 10-12 Minuten backen.

- Den Spinat-Ei-Boden aus dem Ofen nehmen, vorsichtig vom Backpapier lösen und zum Warmhalten auf ein Stück Alufolie gleiten lassen. Der Boden sollte nicht komplett abkühlen, da er sonst reißt.

- Den Boden mit dem Sauerrahm bestreichen, mit den Lachsscheiben belegen und mit Zitronensaft beträufeln.

- Den Boden unter zu Hilfenahme der Alufolie von einer Längsseite
  her fest aufrollen und die entstandene Rolle fest in die Alufolie packen.
  Mindestens 5 Stunden, am besten über Nacht, im Kühlschrank durch-
  ziehen lassen.
- Die Rolle vorsichtig aus der Folie wickeln und in 12 Scheiben schneiden.

TIPP: Eignet sich am Abend vorher zubereitet als leckeres, originelles
Frühstück, oder als Hauptmahlzeit zu einem bunten Salat.

Gratin mit Kidney-Reis

2 Portionen – ca. 25 Minuten Zubereitungszeit

Zutaten:

120 g Reis

1 Dose Kidneybohnen, 400 g

200 g Hartkäse

1 kleine Zwiebel

1 EL Pflanzenöl

Salz, Pfeffer und Chiliflocken

Zubereitung:

- Backofen auf 180 Grad Ober und Unterhitze vorheizen.
- Reis gemäß Packungsanleitung zubereiten.
- Kidneybohnen in ein Sieb abschütten, abbrausen und abtropfen lassen.
- Hartkäse in Würfel schneiden.
- Zwiebel schälen, halbieren und in feine Scheiben schneiden.
- Öl in einer Pfanne erhitzen und Zwiebel darin andünsten.
- Die gedünstete Zwiebel, die Kidneybohnen und zwei Drittel vom gewürfelten Käse unter den fertig gegarten Reis mischen, die Gewürze dazugeben und alles vermengen.
- Alles in eine ofenfeste Form geben und mit dem letzten Drittel Hartkäse bestreuen.
- Auf der mittleren Schiene im Backofen ca. 10 Minuten überbacken, bis die Hartkäsewürfel goldbraun werden.

Grüne Käse-Bohnen auf Tomatenbett

2 Portionen – ca. 35 Minuten Zubereitungszeit

Zutaten:

600 g grüne TK-Bohnen

1 Liter Brühe

100 g Hartkäse

1 kleine Zwiebel

1 EL Pflanzenöl

1 Dose Tomaten, 400 g

Salz

1 EL Tomatenmark

Chiliflocken

1 TL Thymian gerebelt

Zubereitung:

- Backofen auf 180 Grad Ober und Unterhitze vorheizen.

- Die tiefgekühlten Bohnen in der Brühe bissfest garen.

- Hartkäse in Würfel schneiden.

- Zwiebel schälen und kleinhacken.

- Öl in einer Pfanne erhitzen und Zwiebel darin leicht anbraten und beiseite stellen.

- Bohnen in ein Sieb abschütten, abtropfen lassen.

- Tomaten mit den Gewürzen in einer ofenfesten Form verteilen, Bohnen darauf schichten und die Zwiebel darüber verteilen.

- Mit den Hartkäse-Würfeln bestreuen und circa 15 Minuten überbacken bis der Käse goldbraun ist.

Bulgarisches Kartoffel-Gratin Übernachtgericht

2 Portionen – ca. 40 Minuten Zubereitungszeit

Zutaten:

800 g gekochte Kartoffeln

4 große Frühlingszwiebeln

200 g Hartkäse

3 Eier

1 Becher Sahne

2 EL Tomatenmark

1 EL edelsüßes Paprikapulver

2 EL Pflanzenöl

500 g Hackfleisch

Salz, Pfeffer und Thymian gerebelt

Zubereitung:

- **Vorbereitung am Vortag:**
  500 g Hackfleisch über Nacht im Kühlschrank auftauen 800 g Kartoffeln kochen und beiseite stellen

- Backofen auf 200 Grad Ober- und Unterhitze vorheizen.

- Die gekochten Kartoffeln pellen und in Scheiben schneiden.

- Die Frühlingszwiebeln waschen, schälen und in Ringe schneiden.

- Den Hartkäse grob raspeln.

- Die Eier mit der Sahne, dem Tomatenmark und dem Paprikapulver in einer kleinen Schüssel verquirlen.

- Das Hackfleisch in heißem Öl unter gelegentlichem Rühren krümelig braten.

- Die Frühlingszwiebel dazugeben und 5 Minuten mitbraten.

- Mit Salz, Pfeffer und Thymian abschmecken.

- In eine geölte Auflaufform zuerst die Hälfte der Kartoffelscheiben legen, die Hackfleischmasse darüber verteilen.

- Zum Abschluss die restlichen Kartoffelscheiben darauf verteilen.

- Die Eiersahne gleichmäßig darüber gießen und mit dem Käse bestreuen.

- Im Ofen bei 200 Grad auf der mittleren Schiene 20 – 30 Minuten backen. Bis der Käse goldbraun ist.

Bunter Gemüse-Couscous-Auflauf

2 Portionen – ca. 35 Minuten Zubereitungszeit

Zutaten:

120 g Couscous	2 Eier
1 mittlere Zwiebel	1 Becher Sahne
1 Knoblauchzehe	Salz, und Pfeffer
1 EL Pflanzenöl	1 EL Tomatenmark
400 g buntes TK-Gemüse	1 TL Thymian gerebelt
50 g Hartkäse	

Zubereitung:

- Backofen auf 200 Grad Ober und Unterhitze vorheizen.
- Couscous gemäß Packungsanleitung zubereiten.
- Zwiebel und Knoblauch schälen und feinhacken und mit dem Öl in einer Pfanne andünsten.
- Gefrorenes TK-Gemüse in die Pfanne dazugeben und dünsten bis es gar ist.
- Hartkäse reiben.
- Eier in eine Schüssel schlagen, Sahne, Salz, Pfeffer, Tomatenmark und Thymian dazugeben und verquirlen.
- Couscous in eine große Schüssel geben, das TK-Gemüse dazu geben und mit der Ei-Sahne-Mischung übergießen und vermengen.
- Alles in eine ofenfeste Auflaufform geben und auf der mittleren Schiene im Backofen und 15 – 20 Minuten backen, bis eine leichte Bräunung sichtbar wird.

Pfanne	Kichererbsen	Champignon	Buntes Gemüse	Hähnchenbrust	Paprika	Fischfilet	frutti di mare	Blattspinat	Grüne Bohnen	Hackfleisch	Räucherlachs	Bacon	Kartoffeln	Rote Linsen	Couscous	Mie Nudeln	Reis
Kichererbsen		115															
Champignon	115															110	
Buntes Gemüse						116				122					113	109	
Hähnchenbrust																	118
Paprika																	108
Fischfilet			116					112									
frutti di mare																	126
Blattspinat						112											
Grüne Bohnen												114					
Hackfleisch			122										124	120			
Räucherlachs													117				
Bacon									114								
Kartoffeln										124	117						
Rote Linsen										120							
Couscous			113														
Mie Nudeln		110	109														
Reis				118	108	126											

Ab in die Pfanne

Pfannengerichte können etwas aufwändiger sein, müssen es aber nicht! Sie vereinen viele Vorzüge aller anderen Gerichte in sich. Sie gehen in der Regel schnell und haben durch das Zubereiten in der Pfanne einen deftigen Geschmack.

Ideal eignen sie sich zum Verwerten von übriggebliebenen Resten vom Vortag. Sie decken die gesamte Palette an Kohlenhydrat-, Eiweiß- und Ballaststofflieferanten ab. Oft werden einzelne Zutaten vorgekocht. Diese Zubereitungszeit können Sie ideal nutzen, um die anderen Zutaten vorzubereiten und oft auch anzubraten. Die gekochte Zutat zugeben, kurz mit den anderen anbraten und fertig ist das Pfannengericht.

Aus der Pfanne heißt in die Pfanne. Jederzeit können sie auch Reste vom Vortag oder aus dem Kühlschrank mit unseren Zutaten kombinieren oder ganz ersetzen. Auch hier gilt wieder: Die Dauer wie lange die Speise in der Panne brutzelt liegt allein in Ihrem Ermessen. Wir geben nur Richtwerte an, wie lange etwas in der Pfanne sein sollte oder muss um aromatisch und durchgebraten zu sein. **Die Gerichte mit Hähnchenbrust und Hackfleisch sind Übernachtgerichte.**

Ungarische Paprika-Reis-Pfanne scharf

2 Portionen – ca. 20 Minuten Zubereitungszeit

Zutaten:

120 g Reis

1 große Zwiebel

2 Knoblauchzehen

2 EL Pflanzenöl

400 g TK-Paprika

Salz und Pfeffer

2 TL Chiliflocken/Chilisoße

2 EL Tomatenmark

2 TL TK-Petersilie

Zubereitung:

- Reis laut Packung zubereiten.
- Zwiebel und Knoblauch schälen und in Scheiben schneiden.
- Zwiebel und Knoblauch im Öl in der Pfanne andünsten. Tomatenmark dazugeben und verrühren.
- Tiefgekühlter Paprika dazugeben, gut anbraten und würzen.
- Reis unterheben.
- Reis Paprika Gemüse auf Teller verteilen und mit TK-Petersilie bestreuen.

Mie-Nudeln mit buntem Gemüse

2 Portionen – ca. 20 Minuten Zubereitungszeit

Zutaten:

250 g Mie-Nudeln

1 EL Pflanzenöl

400 g buntes TK-Gemüse

Für das Dressing:

1 EL Zitronensaft

1 TL Zucker

1 Knoblauchzehe

Pfeffer

40 ml Sojasoße

Zubereitung:

- Die Mie-Nudeln wie auf der Packung angegeben zubereiten und abgießen.
- Öl in einer Pfanne erhitzen und das gefrorene TK-Gemüse darin anbraten.
- Knoblauch schälen und pressen.
- Das Dressing zubereiten, abschmecken und bei mittlerer Hitze mit den Mie-Nudeln zu dem TK-Gemüse geben und kurz anbraten.
- Sofort heiß servieren.

Gebratene Mie-Nudeln mit Ei und Röstzwiebel

2 Portionen – ca. 25 Minuten Zubereitungszeit

Zutaten:

250 g Mie-Nudeln

2 Frühlingszwiebeln

1 Knoblauchzehe

1 Dose Champignon, ca.330 g

2 Eier

2 EL Sojasoße

1 EL Chilisoße

2 EL Pflanzenöl

1 kleine Zwiebel

Zubereitung:

- Die Mie-Nudeln laut Packungsanleitung kochen und in ein Sieb abgießen.

- Frühlingszwiebel waschen, putzen und in kleine Ringe schneiden.

- Knoblauch schälen und sehr fein hacken.

- Champignon in einem Sieb abtropfen lassen.

- Frühlingszwiebel, Knoblauch und Champignon unter die Nudeln mischen.

- In einer kleinen Schüssel die Eier mit der Sojasoße, Chilisoße und 2 EL warmes Wasser miteinander verquirlen.

- Gründlich unter die Nudeln mischen.

- Kleine Zwiebel schälen halbieren und in sehr feine Streifen schneiden.

- Zwiebelstreifen in der Pfanne mit dem Öl knusprig anbraten und auf einen Teller geben.

- Die Eier-Mie-Nudel-Masse in der Pfanne anbraten, hin und wieder mit dem Pfannenwender rühren, bis das Ei überall gestockt ist.

- Das Ganze mit den Röstzwiebeln servieren.

Gebratenes Fischragout mit Blattspinat

2 Portionen – ca. 25 Minuten Zubereitungszeit

Zutaten:

400 g TK-Fischfilet	2 EL TK-Kräuter
1 Knoblauchzeh	2 EL Pflanzenöl
400 g TK-Blattspinat	2 EL Zitronensaft
100 ml Brühe	1 EL Sojasoße
3 EL Sahne	Salz und Pfeffer
Salz, Pfeffer und Muskatnuss gerieben	

Zubereitung:

- Das kurz angetaute Fischfilet in Würfel schneiden.

- Knoblauchzehe schälen und fein hacken.

- TK-Blattspinat zum Auftauen unter fließendem Wasser abbrausen, ausdrücken, in Streifen schneiden und in einem Topf mit der Brühe aufgießen. Sahne, Knoblauch, Kräuter und Gewürze zugeben und abschmecken. Bei kleiner Hitze ca. 5 Minuten dünsten.

- Pflanzenöl in einer Pfanne erhitzen und die Fischwürfel bei mittlerer Hitze unter gelegentlichem Rühren 4-5 Minuten anbraten. Zitronensaft und Sojasoße zugeben und mit Salz und Pfeffer würzen.

- Fischragout mit dem Blattspinat auf dem Teller anrichten.

Couscous mit Currygemüse

2 Portionen – ca. 20 Minuten Zubereitungszeit

Zutaten:

100 g Couscous

2 EL Pflanzenöl

400 g buntes TK-Gemüse

1 TL Curry

1 TL Chiliflocken

1 TL Kreuzkümmel gemahlen

Salz und Pfeffer

2 EL TK-Petersilie

Zubereitung:

- Couscous gemäß Packungsanleitung zubereiten, beiseite stellen.
- Öl in einer Pfanne erhitzen und TK-Gemüse darin gut anbraten, vom Herd nehmen.
- Mit den Gewürzen nach Belieben abschmecken.
- Couscous unter das Gemüse heben.
- Zum Servieren mit einem EL Sauerrahm toppen und mit der Petersilie bestreuen.

Grüne Bohnen mit Röst-Bacon

2 Portionen – ca. 20 Minuten Zubereitungszeit

Zutaten:

400 g TK grüne Bohnen

1 Liter Brühe

1 mittlere Zwiebel

8 Scheiben Bacon

1 EL Pflanzenöl

Pfeffer

2 EL Sauerrahm

Zubereitung:

- Tiefgekühlte Bohnen in der Brühe bissfest garen.
- Inzwischen Zwiebel schälen und fein hacken.
- Bacon in dünne Streifen schneiden.
- Bacon und Zwiebel in einer Pfanne mit dem Öl anbraten.
- Bissfeste grüne Bohnen in einem Sieb abschütten und kurz abtropfen lassen.
- Grüne Bohnen auf Teller verteilen, als Topping je ein EL Sauerrahm.
- Zwiebel-Bacon-Mischung darauf verteilen.

Kichererbsen-Champignon-Omelette

2 Portionen – ca. 20 Minuten Zubereitungszeit

Zutaten:

4 Eier

Salz und Pfeffer

1 mittlere Zwiebel

1 Dose Champignons, 330 g

1 Dose Kichererbsen, 310 g

2 EL Pflanzenöl

1 Frühlingszwiebel

1 TL Chiliflocken

Zubereitung:

- Eier in einer Schüssel mit Salz und Pfeffer verquirlen.
- Zwiebel schälen und fein hacken.
- Champignon und Kichererbsen in ein Sieb geben und abtropfen lassen.
- Zwiebel in einer Pfanne im Öl andünsten.
- Champignon und Kichererbsen dazugeben und anbraten.
- In der Zwischenzeit die Frühlingszwiebel waschen, schälen und in feine Ringe schneiden.
- Die Eiermischung zu dem angebratenen Gemüse in die Pfanne geben.
- Omelette halbieren, auf die Teller gleiten lassen und mit den Frühlings-zwiebelringen und den Chiliflocken bestreut servieren.

Fischfilet auf Gemüsebett

2 Portionen – ca. 30 Minuten Zubereitungszeit

Zutaten:

450 g buntes TK-Gemüse

2 EL Pflanzenöl

100 ml Brühe

2 TK- Fischfilet, je ca. 200 g

Zitronensaft

Salz

2 EL Sauerrahm

2 EL TK-Kräuter

Pfeffer

Zubereitung:

- Das gefrorene Gemüse in einer Pfanne in Öl ca. 10 Minuten andünsten.

- Brühe dazu gießen.

- Die leicht aufgetauten Fischfilet mit Salz und Zitronensaft einreiben und auf das Gemüse legen und bei schwacher Hitze ca. 15 bis 20 Minuten garen.

- Den Sauerrahm, die TK-Kräuter und Pfeffer vermischen und über die Fischfilets verteilen und nochmals zugedeckt weitere 5 Minuten garen.

Kartoffel-Omelette mit Lachsstreifen

2 Portionen – ca. 40 Minuten Zubereitungszeit

Zutaten:

600 g Kartoffeln

4 Eier

Salz und Pfeffer

1 EL Tomatenmark

1 mittlere Zwiebel

200 g Räucherlachs

3 EL Pflanzenöl

Für das Topping:

1 EL Olivenöl

1 EL Zitronensaft

1 EL TK-Kräuter

Zubereitung:

- Ungeschälte Kartoffel in genügend Wasser kochen, bis sie gar sind.
- Eier mit dem Tomatenmark, Salz und Pfeffer in einer Schüssel verquirlen.
- Zwiebel schälen und feinhacken.
- Räucherlachs in feine Streifen schneiden.
- Topping richten, indem das Olivenöl, der Zitronensaft und die TK-Kräuter in einer Schüssel verrührt werden.
- Die garen Kartoffel abschütten, schälen und in Würfel schneiden.
- Zwiebel im Pflanzenöl dünsten und die Kartoffelwürfel dazugeben, anbraten bis zur gewünschten Bräune.
- Die verquirlten Eier darüber geben und stocken lassen.
- Omelette halbieren und auf die Teller verteilen. Mit den Lachsstreifen belegen und mit dem Topping beträufeln.

Hähnchenbrustfilet mit zitroniger Frühlingszwiebelsoße und Reis Übernachtgericht

2 Portionen – ca. 25 Minuten Zubereitungszeit

Zutaten:

120 g Reis

2 Hähnchenbrustfilets
(je ca. 200 g)

Für die Marinade:

1 Knoblauchzehe

1 EL Senf

1 EL Olivenöl

1 EL Sojasoße

Salz und Pfeffer

1 EL Zitronensaft

1 Bund Frühlingszwiebeln

2 EL Pflanzenöl

1 Becher Sahne

1 EL Zitronensaft

1 EL Sojasoße

Salz, Pfeffer und Chiliflocken

½ Kurkuma gemahlen

Zubereitung:

- **Vorbereitung am Vortag:**
  2 Hähnchenbrustfilets über Nacht im Kühlschrank auftauen

- Reis gemäß Packungsanleitung zubereiten und beiseite stellen.

- Die aufgetauten Hähnchenbrustfilets waschen und trockentupfen.

- Für die Marinade den Knoblauch schälen und in eine kleine Schüssel pressen.

- Die restlichen Zutaten dazugeben und verrühren.

- Die Hähnchenbrustfilets damit einreiben.

- Frühlingszwiebeln waschen, schälen und in kleine Ringe schneiden.

- Eine Pfanne ohne Öl erhitzen und die Hähnchenbrustfilets darin von beiden Seiten bei starker Hitze je Seite ca. 5 Minuten anbraten.
  Filets aus der Pfanne nehmen und beiseite stellen.

- Öl in der Pfanne erhitzen und die Frühlingszwiebelringe bei mittlerer Hitze etwa 5 Minuten andünsten.

- Die Sahne, Zitronensaft und Sojasoße mit den Gewürzen zu den angedünsteten Zwiebeln geben.

- Die Hähnchenbrustfilets dazugeben und weitere 10 bis 15 Minuten mitköcheln.

- Aus der Pfanne nehmen und mit dem Reis und der Zitronensoße auf Tellern anrichten.

Rote Linsen-Hackfleisch-Pfanne Übernachtgericht

2 Portionen – ca. 25 Minuten Zubereitungszeit

Zutaten:

150 g rote Linsen	1/2 TL Zimt
4 Frühlingszwiebeln	1/2 TL Chiliflocken
500 g aufgetautes Hackfleisch	Salz
2 EL Pflanzenöl	1 Becher Sahne
1 TL Kreuzkümmel gemahlen	1 EL TK-Kräuter
1/2 TL Kurkuma gemahlen	2 EL Sauerrahm

Zubereitung:

- **Vorbereitung am Vortag:**
  500 g TK-Hackfleisch über Nacht im Kühlschrank auftauen

- Rote Linsen gemäß Zubereitungsempfehlung kochen.

- Frühlingszwiebel waschen, schälen und in grobe Ringe schneiden.

- Öl in einer Pfanne erhitzen und das Hackfleisch darin unter Rühren krümelig anbraten.

- Die Hälfte des Hackfleisches aus der Pfanne nehmen und beiseite stellen.

- Frühlingszwiebeln dazugeben und ca. 5 Minuten mitdünsten.

- Mit den Gewürzen abschmecken und mit der Sahne ablöschen.

- Bei kleiner Hitze ca. 10 Minuten leicht köcheln, dabei ab und zu umrühren.

- Linsen und TK-Kräuter unterheben.

- Auf Teller geben und je einen Esslöffel Sauerrahm als Topping nutzen.

TIPP: Für dieses Rezept benötigen Sie nur 250 g Hackfleisch. Bereiten Sie aber ruhig die ganzen 500 g mit diesem Rezept zu.
Etwa die Hälfte des Hackfleisches in eine kleine Schüssel geben, abkühlen lassen und in den Kühlschrank stellen. Am nächsten Tag als Grundlage für ein Wrap-Gericht verwenden.

Bauern-Pfanne Übernachtgericht

2 Portionen – ca. 35 Minuten Zubereitungszeit

Zutaten:

2 mittlere rote Zwiebeln

60 g geriebener Hartkäse

2 Eier

2 EL Sauerrahm

1 EL TK-Kräuter oder Thymian gerebelt

500 g aufgetautes Hackfleisch

2 EL Pflanzenöl

400 g buntes TK-Gemüse

Salz und Pfeffer

Zubereitung:

- **Vorbereitung am Vortag:**
  500 g TK-Hackfleisch über Nacht im Kühlschrank auftauen

- Zwiebel schälen und fein würfeln in eine kleine Schüssel geben und beiseite stellen.

- Hartkäse reiben in eine kleine Schüssel geben und beiseite stellen.

- Eier, Sauerrahm und TK-Kräuter in einer Schüssel verquirlen.

- Den geriebenen Käse untermischen. Die Schüssel mit der Eiermasse beiseite stellen.

- Öl in einer Pfanne erhitzen und das Hackfleisch darin krümelig anbraten.

- Die Hälfte des Hackfleisches aus der Pfanne nehmen und beiseite stellen.

- Zwiebeln dazugeben und ca. 5 Minuten mitdünsten.

- Das TK-Gemüse dazugeben und circa 15 Minuten unter gelegentlichem Umrühren mitdünsten und mit Salz und Pfeffer würzen.

- Die Eiermasse dazu gießen.

- Unter gelegentlichem Rühren ca. 10 Minuten stocken lassen.

- Auf Teller geben und servieren.

TIPP: Für dieses Rezept benötigen Sie nur 250 g Hackfleisch. Bereiten Sie aber ruhig die ganzen 500 g mit diesem Rezept zu.
Etwa die Hälfte des Hackfleisches in eine kleine Schüssel geben, abkühlen lassen und in den Kühlschrank stellen. Am nächsten Tag als Grundlage für eine leckere Gemüsesuppe verwenden.

Schmeckt besonders gut mit einem Bier.

Hack-Pfanne Übernachtgericht

2 Portionen – ca. 25 Minuten Zubereitungszeit

Zutaten:

4 Frühlingszwiebeln

600 g gekochte Kartoffel

150 g Hartkäse

2 EL Tomatenmark

1 EL Wasser

Salz, Pfeffer, Majoran gerebelt
Muskat gemahlen

2 EL Pflanzenöl

500 g aufgetautes Hackfleisch

Zubereitung:

- **Vorbereitung am Vortag:**
  500 g TK-Hackfleisch über Nacht im Kühlschrank auftauen
  600 g Kartoffel kochen und beiseite stellen

- Frühlingszwiebel waschen, schälen und in grobe Ringe schneiden.

- Kartoffel schälen halbieren und in kleine Würfel schneiden.

- Käse reiben und in einer kleinen Schüssel beiseite stellen.

- Tomatenmark mit dem Wasser und den Gewürzen in einer kleinen Schüssel vermischen.

- Öl in einer Pfanne erhitzen und das Hackfleisch krümelig anbraten.

- Die Hälfte des Hackfleisches aus der Pfanne nehmen und beiseite stellen.

- Die Frühlingszwiebel Ringe und die Tomatenmarkmischung dazugeben bei mittlerer Hitze ca. 5 Minuten mitdünsten.

- Die Kartoffelwürfel unterheben, geriebenen Käse darüber streuen und ca. 10 Minuten bei kleiner Hitze mit garen, bis der Käse geschmolzen ist.

TIPP: Für dieses Rezept benötigen Sie nur 250 g Hackfleisch. Bereiten Sie aber ruhig die ganzen 500 g mit diesem Rezept zu.
Etwa die Hälfte des Hackfleisches in eine kleine Schüssel geben, abkühlen lassen und in den Kühlschrank stellen. Am nächsten Tag können Sie das Hackfleisch als Basis für eine leckere Sauce Bolognese mit einer Dose gehackter Tomaten zu Pasta Ihrer Wahl verwenden.

Gebratener Reis mit frutti di mare

2 Portionen – ca. 20 Minuten Zubereitungszeit

Zutaten:

200 g Reis	2 EL Zitronensaft
2 Frühlingszwiebeln	2 EL TK-Kräuter
400 g frutti di mare	1 EL Sojasoße
2 EL Pflanzenöl	Salz und Pfeffer
2 EL Tomatenmark	1 EL Pflanzenöl

Zubereitung:

- Reis gemäß Zubereitungsempfehlung kochen und dann beiseite stellen.

- Frühlingszwiebeln waschen, schälen und in feine Ringe schneiden.

- Gefrorene frutti di mare in ein Sieb geben, unter kaltem Wasser abbrausen und kurz abtropfen lassen. In eine Pfanne geben und unter gelegentlichem Rühren solange dünsten, bis fast keine Flüssigkeit mehr vorhanden ist.

- Öl und Frühlingszwiebelringe dazugeben und weitere 5 Minuten mitdünsten, vom Herd nehmen und den Pfanneninhalt in einen Suppenteller geben.

- Tomatenmark, Zitronensaft, TK-Kräuter, Sojasoße, Salz und Pfeffer in einer kleinen Schüssel verrühren.

- Öl in der vorhandenen Pfanne erhitzen und den gekochten Reis unter gelegentlichem Rühren gut anbraten, Hitze reduzieren.

- frutti die mare und die Tomatenmarkmischung über den angebratenen Reis geben und alles gut verrühren. Weitere 5 Minuten bei kleiner Hitze erwärmen.

- Auf Teller geben.

TIPP: Mit einem gekühlten Weißwein genießen.

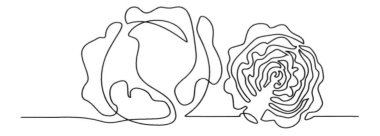

Pasta	Champignon	Thunfisch	Tomaten	Asia Gemüse	Paprika	Kokosmilch	Buntes Gemüse	Blattspinat	Hackfleisch	Mie Nudeln	Räucherlachs	Bacon	Fischfilet	Rote Linsen	Pasta
Champignon															133
Thunfisch															131
Tomaten															140
Asia Gemüse															138
Paprika															135
Kokosmilch										136					
Buntes Gemüse															132
Blattspinat															139
Hackfleisch															142
Mie Nudeln						136					137				
Räucherlachs															141
Bacon										137					
Fischfilet															130
Rote Linsen															134
Pasta	133	131	140	138	135		132	139	142		141		130	134	

Pastagerichte

Pasta heißt aus dem Italienischen übersetzt schlicht Teig. Typisch italienisch bestehen sie aus Hartweizengrieß, Wasser und Salz. Es gibt sehr viele verschiedene Formen.

Daneben gibt es viele weitere Pasta Sorten. Eiernudeln, Vollkornnudeln, Dinkelnudeln, Linsennudeln, Cerealiennudeln, Gerste und Buchweizennudeln. Alternativ gibt es auch asiatische Nudelvarianten wie Glasnudeln oder Mie-Nudeln. Mie-Nudeln sind chinesische Weizennudeln mit und ohne Ei. Das Angebot an Teigwaren ist fast nicht zu übersehen.

Die bei uns am meisten konsumierte Teigware aus Hartweizen ist mineralreich und ist al dente gekocht kalorienarm. Vollkornnudeln enthalten das ganze Korn, verfügen daher über mehr Ballaststoffe und vielseitigere Kohlenhydrate. Sie machen im Vergleich zu Teigwaren aus Hartweizengrieß länger satt und eignen sich für eine gesunde Ernährung.

Da sie schnell zubereitet sind und mit extrem vielen Zutaten kombinierbar sind, sind sie ideal für schnelle Rezepte. Sowohl gekocht, gebraten, überbacken wie auch kalt als Salat ist Pasta, egal welcher Sorte, einsetzbar und schmackhaft.

Egal ob Eiernudeln, Vollkornnudeln, Dinkelnudeln, Linsennudeln, Cerealiennudeln, Gerste- und Buchweizennudeln oder asiatische Nudelvarianten wie Glasnudeln oder Ramen. Sie allein bestimmen über Form, Farbe, Inhaltsstoffe und damit auch Kochdauer der Teigwaren. Daher geben wir keine Kochzeiten an. Zu groß sind die Unterschiede in der Zubereitungszeit, zumal, wenn man noch die frischen Teigwarenprodukte aus der Kühltheke mit ins Kalkül einbezieht. Generell gilt: Jedes der Pasta Rezepte in diesem Buch funktioniert mit jeder Art von Pasta. Auch wenn unser Vorschlag mit Farfalle arbeitet, Sie nehmen, was Sie bevorzugen und was vor allem vorrätig ist. **Das Rezept mit Hackfleisch ist ein Übernachtgericht.**

Pasta in Koriandersoße mit Fisch

2 Portionen – ca. 20 Minuten Zubereitungszeit

Zutaten:

1 EL Pflanzenöl

1 Knoblauchzehe

2 Frühlingszwiebeln

400 g TK-Fischfilet

1 Becher Sahne

200 g Pasta nach Wahl
(Penne, Tagliatelle, etc.)

Salz, Pfeffer und Koriander gerieben

Zitronensaft

Zubereitung:

- Zuerst Pasta nach Packungsanleitung bissfest garen, in ein Sieb abgießen und abtropfen lassen.

- Zwiebeln und Knoblauch schälen und fein würfeln.

- Öl in Pfanne erhitzen. Knoblauch und Zwiebeln darin bei mittlerer Hitze ca. 2 Minuten dünsten.

- TK Fischfilet in Würfel schneiden. In die Pfanne dazugeben und mit dünsten.

- Sahne dazugeben, mit den Gewürzen und Zitronensaft abschmecken, nochmals leicht aufköcheln.

- Pasta mit der Koriandersoße sofort servieren.

Thunfischspaghetti

2 Portionen – ca. 20 Minuten Zubereitungszeit

Zutaten:

1 EL Pflanzenöl

2 Knoblauchzehen

1 kleine Zwiebel

4 EL Tomatenmark

6 EL Wasser

1 Dose Thunfisch

250 g Spaghetti

Salz und Pfeffer

1 EL Thymian gerebelt

Zubereitung:

- Spaghetti nach Packungsanleitung bissfest garen, in ein Sieb abgießen und abtropfen lassen.

- Zwiebel und Knoblauch schälen und fein würfeln.

- Öl in einer Pfanne erhitzen. Knoblauch und Zwiebel darin bei mittlerer Hitze ca. 2 Minuten anbraten.

- Tomatenmark und Wasser dazugeben, aufkochen, gut verrühren und offen bei mittlerer Hitze kurz köcheln.

- Während der Garzeit der Spaghetti den Thunfisch in einem Sieb abtropfen lassen, mit einer Gabel zerpflücken und unter die Soße mischen. Mit Salz, Pfeffer und Thymian würzen.

- Spaghetti mit der Soße sofort servieren.

Tagliatelle mit Gemüsecurry

2 Portionen – ca. 20 Minuten Zubereitungszeit

Zutaten:

2 EL Pflanzenöl

2 Knoblauchzehen

4 Frühlingszwiebeln

400 g buntes TK-Gemüse

1 Becher Sahne

200 g Tagliatelle

Salz und Pfeffer

2 EL Currypulver

1 TL Chilipulver (nach Geschmack)

Zubereitung:

- Tagliatelle nach Packungsanleitung bissfest garen.

- Frühlingszwiebeln waschen, schälen und in feine Ringe schneiden. Knoblauch schälen und fein würfeln.

- Öl in Pfanne erhitzen. Knoblauch und Frühlingszwiebeln darin bei mittlerer Hitze ca. 2 Minuten anbraten.

- Das gefrorene bunte TK-Gemüse und die Sahne mit den Gewürzen abschmecken und ca. 10 Minuten köcheln bis das Gemüse gar ist.

- Tagliatelle in ein Sieb abgießen und sofort mit dem Curry servieren.

Zitronen-Pasta mit Kräuter-Champignon

2 Portionen – ca. 20 Minuten Zubereitungszeit

Zutaten:

250 g Pasta

1 Knoblauchzehe

1 Glas Champignon

2 EL Pflanzenöl

2 EL TK-Kräuter

Salz und Pfeffer

2 EL Zitronensaft

1/2 TL Chiliflocken

1 EL Sojasauce

Zubereitung:

- Pasta gemäß Packungsanleitung al dente kochen, in ein Sieb abschütten, kalt abbrausen und gut abtropfen lassen.

- Knoblauch schälen und pressen. Champignon in ein Sieb abschütten, abtropfen lassen und halbieren, beiseite stellen.

- Öl in einer Pfanne erhitzen. Champignon und Knoblauch dazugeben, bei mittlerer Hitze braten.

- Die TK-Kräuter, Salz, Pfeffer, Zitronensaft, Chiliflocken und Sojasoße in einer kleinen Schüssel vermischen und zu den Champignon geben.

- Abgetropfte Pasta in die Pfanne geben, mit der Soße aus der kleinen Schüssel übergießen und kurz erwärmen.

Rote Linsen Spaghetti Genua

2 Portionen – ca. 20 Minuten Zubereitungszeit

Zutaten:

250 g Spaghetti	1 Becher Sahne
100 g rote Linsen	1 EL Zitronensaft
1 kleine Zwiebel	Salz und Pfeffer
3 Knoblauchzehen	2 TL Chiliflocken
1 EL Pflanzenöl	2 TL Thymian gerebelt
1 EL Tomatenmark	

Zubereitung:

- Rote Linsen gemäß Packungsanleitung zubereiten. Beiseite stellen.
- Spaghetti gemäß Zubereitungsanleitung kochen.
- In der Zwischenzeit die Zwiebel und den Knoblauch schälen und beides sehr fein hacken.
- Zwiebel und Knoblauch mit dem Öl in einer Pfanne andünsten.
- Sahne zufügen, nur noch leicht köcheln lassen.
- Zitronensaft, Tomatenmark, Salz und Pfeffer unter die Sahne rühren, rote Linsen dazugeben, beiseite stellen.
- Wenn die Spaghetti bissfest sind, abschütten, auf die Teller verteilen, Linsen darüber geben und mit den Chiliflocken und den Kräutern bestreuen.

TIPP: Im Auge behalten, rote Linsen verkochen sehr schnell!

Würzige Paprika Maccaronchini

2 Portionen – ca. 20 Minuten Zubereitungszeit

Zutaten:

250 g Teigwaren
(ideal Maccaronchini)

400 g TK-Paprika

1 kleine Zwiebel

1 Knoblauchzehe

2 EL Pflanzenöl

Salz und Pfeffer

1 TL Chiliflocken

1 Becher Sahne

Zubereitung:

- Teigwaren nach Packungsanleitung zubereiten.

- Zwiebel schälen und in feine Streifen schneiden.

- Knoblauch Schälen und fein hacken.

- Öl in eine Pfanne geben. Zwiebel und Knoblauch darin kurz anbraten Paprika dazugeben und anbraten.

- Mit Salz, Pfeffer und Chiliflocken würzen und mit einem Becher Sahne ablöschen. Ca. 10 Minuten leicht köcheln lassen.

- Teigwaren abschütten und zusammen mit dem Paprika auf Teller geben und mit Kräutern bestreut servieren.

Schnelle asiatische Mie-Nudeln

2 Portionen – ca. 20 Minuten Zubereitungszeit

Zutaten:

2 Frühlingszwiebeln

250 g Mie-Nudeln

Für das Dressing:

400 ml Kokosmilch

2 EL Chiliflocken

1 EL Zitronensaft

Zubereitung:

- Die Frühlingszwiebeln waschen, putzen und in dünne Scheiben schneiden, den grünen Teil beiseite stellen.

- Den weißen Teil und die Mie-Nudeln mit genügend kochendem Wasser übergießen und mind. 5 Minuten ziehen lassen, danach abgießen.

- Die Kokosmilch mit den Chiliflocken und dem Zitronensaft erwärmen.

- Die Soße mit den Nudeln vermischen und in die Schalen verteilen.

- Mit den Zwiebelringen bestreut servieren.

TIPP: Mit asiatischen Essstäbchen genießen.

Mie-Nudel Carbonara

2 Portionen – ca. 20 Minuten Zubereitungszeit

Zutaten:

250 g Mie-Nudeln	Salz und Pfeffer
6 Scheiben Bacon	60 g Hartkäse
2 Eier	1 Becher Sahne

Zubereitung:

- Mie-Nudeln gemäß Packungsanleitung kochen.

- Bacon in Streifen schneiden und in einer Pfanne mit Öl erhitzen. Nicht anbraten.

- Hartkäse reiben.

- Inzwischen Sahne, Ei, Salz und Pfeffer verquirlen.

- Die Nudeln zum Bacon in die Pfanne geben und umrühren.

- Die Eier-Sahne-Mischung darüber gießen, gut mischen und bei niedriger Temperatur unter Rühren erwärmen.

- Mit dem geriebenen Käse und Pfeffer nach Belieben bestreut servieren.

Asia-Pasta süß sauer

2 Portionen – ca. 20 Minuten Zubereitungszeit

Zutaten:

250 g Tagliatelle

400 g TK-Asia-Gemüse

1 EL Pflanzenöl

2 EL Chilisoße

2 EL Sojasoße

2 EL Zitronensaft

1 TL Zucker

Zubereitung:

- Tagliatelle nach Anleitung al dente kochen. In ein Sieb abgießen, kalt abbrausen und abtropfen lassen.

- Gefrorenes Asia-Gemüse in eine erhitzte Pfanne geben und unter gelegentlichem Rühren dünsten, bis die Flüssigkeit fast weg ist.

- Öl hinzugeben und weitere 5 Minuten anbraten.

- Chilisoße, Sojasoße, Zitronensaft und Zucker zu dem Gemüse geben und Pfanne vom Herd nehmen.

- Abgetropfte Tagliatelle untermischen und sofort servieren.

Penne a la foglie de spinaci

2 Portionen – ca. 20 Minuten Zubereitungszeit

Zutaten:

250 g Penne
(oder andere Teigwaren)

400 g TK-Blattspinat

1 mittlere rote Zwiebel

2 Knoblauchzehen

100 g Hartkäse

1 EL Pflanzenöl

100 ml Brühe

1 EL Tomatenmark

Muskat gemahlen

Salz, Pfeffer

Zubereitung:

- Penne nach Packungsanleitung al dente kochen, in ein Sieb abschütten, kalt abbrausen und abtropfen lassen.

- Den Blattspinat in ein Sieb geben, kalt abbrausen, ausdrücken und in kleine Stücke schneiden, in einen Suppenteller geben.

- Zwiebel und Knoblauch schälen und sehr fein hacken, in eine kleine Schüssel geben.

- Hartkäse in kleine Würfel schneiden, in eine kleine Schüssel geben.

- Öl in einer Pfanne erhitzen. Knoblauch und Zwiebel darin andünsten. Spinatstücke dazugeben und bei mittlerer Hitze und ca. 5 Minuten andünsten.

- Mit der Brühe ablöschen, Tomatenmark einrühren und mit den restlichen Gewürzen abschmecken.

- Die abgetropften Penne und die Käsewürfel unterheben. Bei mittlerer Hitze erwärmen, bis der Käse zu schmelzen beginnt und sofort servieren.

Pasta a rabbiata

2 Portionen – ca. 20 Minuten Zubereitungszeit

Zutaten:

250 g Spaghetti
(oder andere Teigwaren)

2 mittlere Zwiebeln

4 Knoblauchzehen

2 EL Pflanzenöl

1 Dose Tomaten, 400 g

2 EL TK-Kräuter

1 – 2 EL Chiliflocken

Salz und Pfeffer

Zubereitung:

- Spaghetti gemäß Packung al dente kochen, in ein Sieb abgießen, kalt abbrausen und abtropfen lassen.
- Zwiebel und Knoblauch schälen und fein hacken.
- Öl in einer Pfanne erhitzen und Zwiebeln mit dem Knoblauch scharf anbraten.
- Mit den gehackten Tomaten ablöschen.
- Mit den Gewürzen abschmecken.
- Spaghetti in die Pfanne dazu geben, vorsichtig alles vermischen, servieren.

TIPP: Bei entsprechender Schärfe Taschentuchbox und „Löschbrot" nicht vergessen.

Pasta mit Frischkäsesauce und Räucherlachs

2 Portionen – ca. 20 Minuten Zubereitungszeit

Zutaten:

250 g Pasta

200 g Räucherlachs

200 g Frischkäse

1 Becher Sahne

1 EL Meerrettich

2 EL TK-Kräuter

Salz und Pfeffer

Zubereitung:

- Pasta gemäß Zubereitungsanleitung al dente kochen, in ein Sieb abschütten und kalt abbrausen. In den Topf zurückgeben.

- Räucherlachs stückig schneiden.

- Frischkäse, Sahne, Meerrettich, TK-Kräuter, Salz und Pfeffer in einer mittleren Schüssel miteinander vermengen.

- Frischkäse-Mischung über die Spaghetti geben, Lachsstücke dazugeben und vorsichtig vermengen.

- Sofort heiß servieren.

Türkische Pasta mit Hackfleisch und Sour Creme – Übernachtgericht

2 Portionen – ca. 25 Minuten Zubereitungszeit

Zutaten:

250 g Spirelli
(oder andere Teigwaren)

1 mittlere rote Zwiebel

2 Knoblauchzehen

2 EL Pflanzenöl

500 g aufgetautes Hackfleisch

1 EL Kreuzkümmel gemahlen

1 TL edelsüßes Paprikapulver

2 EL TK-Kräuter

Salz und Pfeffer

1 Becher Sauerrahm

1 Prise Salz

1 EL Wasser

Zubereitung:

- **Vorbereitung am Vortag:**
  500 g Hackfleisch im Kühlschrank auftauen.

- Spirelli gemäß Zubereitung al dente kochen, in ein Sieb abschütten, kalt abbrausen und abtropfen lassen.

- Zwiebel und Knoblauch schälen, fein hacken und in eine kleine Schüssel geben.

- Das aufgetaute Hackfleisch in einer Pfanne mit dem Öl unter gelegentlichem Rühren krümelig anbraten.

- Zwiebel und Knoblauch ca. 5 Minuten mitanbraten.

- Alle Gewürze dazugeben.

- Für die Sour Creme Sauerrahm, Salz und Wasser in einer kleinen Schüssel gut verrühren und vorab auf den Tisch stellen.

- Die Hälfte des Hackfleisches aus der Pfanne nehmen und beiseite stellen.

- Spirelli in die Pfanne mit dazugeben, leicht unterheben und weitere 5 Minuten auf kleiner Hitze erwärmen.

- Auf Teller geben und nach Belieben mit der Sour Creme toppen.

TIPP: Für dieses Rezept benötigen Sie nur 250 g Hackfleisch. Bereiten Sie aber ruhig die ganzen 500 g mit diesem Rezept zu.
Etwa die Hälfte des Hackfleisches in eine kleine Schüssel geben, abkühlen lassen und in den Kühlschrank stellen. Am nächsten Tag können Sie das Hackfleisch als Basis für eine leckere Sauce Bolognese mit einer Dose gehackter Tomaten zu Pasta Ihrer Wahl oder Reis / Couscous verwenden.

Wraps	Kichererbsen	Thunfisch	Champignon	Mais	Paprika	Kidneybohnen	frutti di mare	Blattspinat	Asia Gemüse	Feta	Räucherlachs	Bacon	Wrap	Rote Linsen	Fischfilet
Kichererbsen													151		
Thunfisch													147		
Champignon													152		
Mais													153		
Paprika													148		
Kidneybohnen													150		
frutti di mare													155		
Blattspinat													159		
Asia Gemüse													157		
Feta													156		
Räucherlachs													146		
Bacon													149		
Wrap	151	147	152	153	148	150	155	159	157	156	146	149		158	154
Rote Linsen													158		
Fischfilet													154		

Wraps

Ein Wrap ist ein dünnes, mit einer Füllung zu einer Rolle gewickeltes Fladenbrot. Ursprung ist die Tex-Mex-Küche, weshalb als Hülle häufig Tortillas verwendet werden. Für die Füllung gibt es keine festen Rezepte, sie besteht häufig aus Gemüse oder Salat, gebratenem Fleisch und einer pikanten Sauce, Sauerrahm oder ähnlichem.

Seit den 1990er Jahren sind Wraps auch in Europa als Fastfood bzw. Fingerfood populär geworden. Auch hier können Sie viele vorhandene Zutaten kombinieren und schnell und gesund ein Essen zaubern. Durch entsprechende Gewürze sogar mit exotischem oder scharfem Flair. Abwechslungsreich für Gaumen und Optik. Und ganz nebenbei.

Reste von vielen Gerichten kann man am nächsten Tag mit einer weiteren Zutat einfach in einen Wrap wickeln und hat schon wieder eine Mahlzeit, eventuell mit einem schnellen Salat kombiniert. Wraps können so auch ein wunderbarer Resteverwerter sein und gleichzeitig lecker und extrem flexibel.

Es gibt Wraps aus Dinkelmehl, aus Weizenmehl, als Bio-Wraps, italienische Wraps, Tortilla-Wraps, Protein-Wraps und in der türkischen Version als Dürüm. Sie sehen, auch hier ist es ähnlich wie bei den Teigwaren: die Auswahl ist schier unerschöpflich.

Auch bei den Wraps können Sie viele vorhandene Zutaten kombinieren um schnell und gesund ein Essen zu zaubern. Durch entsprechende Gewürze sogar mit exotischem oder scharfem Flair. Reste vom Vortag mit etwas Sauerrahm oder einer scharfen Soße in den Wrap geben und schon ist eine neue Mahlzeit oder ein Meal prep fertig. Sie können die Wraps rollen oder wenn sie flach auf dem Tisch liegen in der 6 Uhr Position bis zur Mitte einschneiden und dann von der 9 Uhr Position ausgehend Viertel für Viertel falten und erhalten so ein Wrap quasi in Taschenform.

Lachs-Wrap

2 Portionen – ca. 10 Minuten Zubereitungszeit

Zutaten:

1 Frühlingszwiebel

200 g Räucherlachs

100 g Frischkäse

1 EL Zitronensaft

2 TL Meerrettich

Salz und Pfeffer

4 Wraps

Zubereitung:

- Frühlingszwiebel waschen, schälen, halbieren und in feine Streifen schneiden.

- Räucherlachs in Scheiben schneiden.

- Frischkäse mit Zitronensaft, Meerrettich, Salz und Pfeffer würzen.

- Frischkäsemischung auf Wraps streichen, vorher Wraps nach Belieben erwärmen.

- Mit Räucherlachs und Zwiebeln belegen.

- Nach Belieben falten oder rollen.

Thunfisch-Wrap

2 Portionen – ca. 15 Minuten Zubereitungszeit

Zutaten:

2 Eier

1 Dose Thunfisch

1 Frühlingszwiebel

1 Becher Sauerrahm

1 TL Tomatenmark

 Chiliflocken, Salz und Pfeffer

4 Wraps

Zubereitung:

- Eier hartkochen und in kaltem Wasser abkühlen lassen.
- Thunfisch abschütten und abtropfen lassen.
- Frühlingszwiebel waschen, schälen und in feine Streifen schneiden.
- Sauerrahm mit Tomatenmark, Chiliflocken, Salz und Pfeffer verrühren.
- Abgekühlte, hartgekochte Eier pellen und in Scheiben schneiden.
- Wraps nach Belieben erwärmen.
- Je auf einen Wrap die Hälfte des Thunfischs verteilen.
- Sauerrahmmischung darüber geben, danach die Eierscheiben und die Streifen der Frühlingszwiebel auflegen.
- Nach Belieben falten oder rollen.

Wrap mit gebratenem Paprika und Käse

2 Portionen – ca. 10 Minuten Zubereitungszeit

Zutaten:

1 EL Pflanzenöl

1 kleine Zwiebel

200 g TK-Paprika

100 g Hartkäse

1 EL TK-Kräuter

Chiliflocken und Salz

4 Wraps

Zubereitung:

- Zwiebel schälen, halbieren und in dünne Scheiben schneiden.
- Öl in einer Pfanne erhitzen und die Zwiebelscheiben darin andünsten.
- TK-Paprika dazugeben und garen.
- Hartkäse in kleine Würfel schneiden.
- Das Gemüse mit den Chiliflocken, Kräutern und Salz würzen.
- Die Käse Würfel leicht unterheben und die Masse auf die erwärmten Wraps verteilen.
- Nach Belieben falten oder rollen.

Flammenkuchen-Wrap

2 Portionen – ca. 10 Minuten Zubereitungszeit

Zutaten:

1 kleine Zwiebel

200 g Bacon

1 EL Pflanzenöl

1 Becher Sauerrahm

Salz und Pfeffer

4 Wraps

Zubereitung:

- Zwiebel schälen, halbieren und in feine Streifen schneiden.
- Bacon in feine Streifen schneiden.
- Öl in einer Pfanne erhitzen, Zwiebel darin dünsten und den Bacon dazugeben. Nach Belieben anbraten.
- In der Zwischenzeit den Sauerrahm mit Salz und Pfeffer verrühren.
- Wraps nach Belieben erwärmen.
- Sauerrahm auf den Wraps verstreichen.
- Bacon-Zwiebelgemisch auf den Wraps verteilen.
- Nach Belieben falten oder rollen.

Kidney-Wrap Texas

2 Portionen – ca. 15 Minuten Zubereitungszeit

Zutaten:

1 Dose Kidneybohnen, 400 g

100 g Hartkäse

Chilisoße

1 EL Sauerrahm

4 Wraps

Zubereitung:

- Backofen auf 150 Grad Ober/Unterhitze vorheizen.
- Kidneybohnen in ein Sieb geben, abwaschen und abtropfen lassen.
- Hartkäse in Würfel schneiden.
- Chilisoße mit Sauerrahm mischen.
- Kidneybohnen in eine Schüssel geben, Chili-Sauerrahmgemisch darüber geben und verrühren.
- Masse auf den Wraps verteilen.
- Darüber die Käsewürfel streuen.
- Nach Belieben falten oder rollen.
- Wraps in eine feuerfeste Form legen und für 5 Minuten in den auf 150 Grad vorgeheizten Ofen legen.

Orientalischer Wrap

2 Portionen – ca. 10 Minuten Zubereitungszeit

Zutaten:

1 Dose Kichererbsen, ca. 310 g

1 Frühlingszwiebel

1 EL Olivenöl

Chiliflocken

1 Prise Kreuzkümmel gemahlen

1 TL Zitronensaft

1 Prise Salz

4 Wraps

Zubereitung:

- Kichererbsen in ein Sieb geben, abspülen und abtropfen lassen.

- Frühlingszwiebel waschen, schälen und in feine Ringe schneiden.

- Kichererbsen, Olivenöl, Chili, Zitronensaft, Kreuzkümmel und Salz in eine Schüssel geben und mit dem Stabmixer zu einer Paste verrühren.

- Die Wraps nach Belieben erwärmen.

- Die Paste auf die Wraps streichen und die Zwiebelringe darüber streuen.

- Nach Belieben falten oder rollen.

Wrap mit gebratenen Champignon und Rührei

2 Portionen – ca. 15 Minuten Zubereitungszeit

Zutaten:

4 Eier

2 EL TK-Kräuter

Salz und Pfeffer

1 kleine Zwiebel

1 EL Pflanzenöl

1 Dose Champignon

4 Wraps

Zubereitung:

- Eier mit dem Salz, dem Pfeffer und den Kräutern verquirlen.

- Zwiebel schälen und sehr fein hacken.

- Öl in einer Pfanne erhitzen und die Zwiebel darin dünsten.

- Die Champignon dazugeben und nach Belieben anbraten.

- Danach die Eiermasse dazugeben und unter gelegentlichem Rühren zum Stocken bringen.

- Die Wraps nach Belieben erwärmen.

- Die gestockte Eiermasse auf den Wraps verteilen.

- Nach Belieben falten oder rollen.

Curry-Mais-Wrap

2 Portionen – ca. 20 Minuten Zubereitungszeit

Zutaten:

2 Eier

1 Dose Mais

1 Frühlingszwiebel

1 Becher Sauerrahm

Salz und Curry

4 Wraps

Zubereitung:

- Eier hartkochen und in kaltem Wasser abkühlen lassen.
- Mais in ein Sieb geben und abtropfen lassen.
- Frühlingszwiebel waschen, putzen und in feine Ringe schneiden.
- Sauerrahm in eine Schüssel geben mit Curry und Salz nach Belieben würzen.
- Mais dazugeben und mischen.
- Die abgekühlten harten Eier schälen und Scheiben schneiden.
- Wraps nach Belieben erwärmen.
- Maismasse auf die Wraps streichen.
- Eierscheiben darauf verteilen und mit Zwiebelringen bestreuen.
- Nach Belieben falten oder rollen.

Fisch-Wrap

2 Portionen – ca. 20 Minuten Zubereitungszeit

Zutaten:

500 g TK-Fischfilet

1 mittlere Zwiebel

1 EL Pflanzenöl

Salz und Pfeffer

1 EL Zitronensaft

2-4 EL Tomatenmark

4 Wraps

Zubereitung:

- Leicht angetautes Fischfilet in Streifen schneiden.
- Zwiebel schälen, schneiden und in feine Streifen schneiden
- Öl in einer Pfanne erhitzen und die Fischfiletstreifen mit den Zwiebelstreifen darin knusprig braten.
- Vom Herd nehmen, mit Salz und Pfeffer würzen, mit Zitronensaft beträufeln.
- Wraps nach Belieben erwärmen.
- Je ein EL Tomatenmark je Wrap verstreichen und die Fischstreifen darauf geben.
- Nach Belieben falten oder rollen.

TIPP: Nach Belieben mit Chiliflocken bestreuen.

Wrap frutti di Mare

2 Portionen – ca. 20 Minuten Zubereitungszeit

Zutaten:

300 g TK-Meeresfrüchte

1 kleine Zwiebel

1 Knoblauchzehe

1 EL Pflanzenöl

2 TL TK-Kräuter

2 EL Tomatenmark

1 TL Zitronensaft

Salz und Chiliflocken

4 Wraps

Zubereitung:

- TK-Meeresfrüchte in ein Sieb geben, kalt abbrausen und abtropfen lassen.
- Zwiebel und Knoblauch schälen und fein hacken.
- Öl in einer Pfanne erhitzen und Zwiebel und Knoblauch darin andünsten.
- Meeresfrüchte dazugeben.
- Die restlichen Zutaten, bis auf die Wraps, hinzufügen und ca. 10 Minuten mitdünsten.
- Wraps nach Belieben erwärmen.
- Frutti di Mare Mischung auf den Wraps verteilen.
- Nach Belieben falten oder rollen.

Feta-Rührei-Wrap

2 Portionen – ca. 15 Minuten Zubereitungszeit

Zutaten:

4 Eier	1 kleine Zwiebel
Salz und Pfeffer	200 g Feta
1 EL TK-Kräuter	1 EL Pflanzenöl
1 TL edelsüßes Paprikapulver	4 Wraps

Zubereitung:

- Eier mit Salz, Pfeffer, den TK-Kräutern und dem Paprikapulver verquirlen.
- Zwiebel schälen und fein hacken.
- Feta in Würfel schneiden.
- Öl in der Pfanne erhitzen Zwiebel darin andünsten.
- Die Eiermasse dazugeben und unter gelegentlichem Rühren stocken lassen.
- Die Feta Würfel darüber streuen.
- Wraps nach Belieben erwärmen.
- Die gestockte Masse auf den Wraps verteilen.
- Nach Belieben falten oder rollen.

Asia Wrap

2 Portionen – ca. 20 Minuten Zubereitungszeit

Zutaten:

1 kleine Zwiebel

1 EL Pflanzenöl

300 g TK-Asia-Gemüse

1 EL Sojasoße

Curry, Kurkuma gemahlen, Koriander gerieben

4 Wraps

Zubereitung:

- Zwiebel schälen, halbieren und in feine Streifen schneiden.
- Öl in einer Pfanne erhitzen, Zwiebel darin andünsten.
- Das TK-Asia-Gemüse dazugeben und mitdünsten bis es gar ist.
- Mit der Sojasoße, Curry, Kurkuma und Koriander n.B. Würzen.
- Wraps nach Belieben erwärmen.
- Gemüse auf den Wraps verteilen.
- Nach Belieben falten oder rollen.

Rote Linsen-Wrap

2 Portionen – ca. 15 Minuten Zubereitungszeit

Zutaten:

150 g rote Linsen

Salz, Pfeffer und Thymian gerebelt

1 TL Zitronensaft

1 Frühlingszwiebel

200 g Frischkäse

4 Wraps

Zubereitung:

- Rote Linsen gemäß Packung zubereiten, beiseite stellen und mit Salz, Pfeffer, Zitronensaft und dem Thymian nach Belieben würzen.

- Frühlingszwiebel waschen, schälen und in feine Ringe schneiden.

- Wraps nach Belieben erwärmen.

- Frischkäse auf die Wraps streichen.

- Linsen darauf verteilen und mit den Frühlingszwiebelringen bestreuen.

- Nach Belieben falten oder rollen.

Spinat-Käse-Wrap

2 Portionen – ca. 20 Minuten Zubereitungszeit

Zutaten:

2 Eier

300 g TK-Blattspinat

1 kleine Zwiebel

100 g Hartkäse

1 EL Pflanzenöl

Salz, Pfeffer, Muskatnuss gerieben

1 TL Chiliflocken

4 Wraps

Zubereitung:

- Eier hartkochen und in kaltem Wasser abkühlen lassen.
- TK-Blattspinat in ein Sieb geben, abbrausen, leicht ausdrücken und in Stücke schneiden.
- Zwiebel schälen und fein hacken.
- Hartkäse in kleine Würfel schneiden.
- Öl in einer Pfanne erhitzen und Zwiebel darin andünsten und den Spinat zugeben. Unter gelegentlichem Rühren gar werden lassen. Vom Herd nehmen.
- Mit Muskat, Salz und Pfeffer würzen.
- Die Käsewürfel unter den Spinat geben.
- Hartgekochte Eier pellen und in Scheiben schneiden.
- Wraps nach Belieben erwärmen.
- Die Spinat-Käse-Masse auf die Wraps geben und mit den Eierscheiben belegen.
- Mit den Chiliflocken nach Belieben bestreuen.
- Nach Belieben falten oder rollen.

Die Zutatenmatrix

Ganz einfach und schnell zum Rezept

Sie kommen nach einem extrem langen Arbeitstag mit Bärenhunger nach Hause.

Und dann? Dann dürfen Sie sich noch damit herumschlagen, ein Rezept ausfindig zu machen und zu kochen. Als wäre das nicht genug, soll die Mahlzeit nicht nur gesund und ausgewogen sein, sondern sie soll auch noch schmecken und nicht die Kochkünste vom Star-Koch Gordon Ramsay voraussetzen.

Absolutes Horrorszenario, nicht wahr? Nicht so ganz. Hier kommt unsere Zutatenmatrix ins Spiel, die Ihnen die perfekte Strategie an die Hand gibt, mit der Sie abwechslungsreich und zeitsparend kochen können!

Die Zutatenmatrix hilft Ihnen nicht nur dabei, mit Ihren Zutaten das passende Gericht zu finden. Sondern sie spart Ihnen gleichzeitig auch noch eine Menge wertvoller Zeit, die Sie andernfalls in die mühselige Planung und Suche von Mahlzeiten reingesteckt hätten.

Schlagen Sie dazu einfach eine Hauptzutat nach und die Matrix zeigt Ihnen innerhalb weniger Sekunden mit der entsprechenden Seitenzahl die Kombinationsmöglichkeiten für all die köstlichen Rezepte, die Sie damit zubereiten können.

Sie können in kürzester Zeit eine ganze Mahlzeit finden. So haben Sie mehr Zeit, die Sie mit den wichtigen Dingen im Leben verbringen können.

Die Nutzung der Matrix öffnet Ihnen die Tür zu einer Welt, in der Kochen nicht lästig, sondern lecker, schnell und abwechslungsreich ist. Hiermit hat jeder ein Werkzeug zur Hand, mit dem die Zeit in der Küche ein abenteuerliches Erlebnis wird!

Das Beste: Dank unserer einzigartigen und besonders intuitiven Zutatenmatrix finden Sie innerhalb von Sekunden ein Rezept.

Der Umgang ist sogar so einfach, dass Kinder das nachmachen könnten!

Salate	Kichererbsen	Thunfisch	Tomaten	Mais	Paprika	Kidneybohnen	frutti di mare	Blattspinat	Grüne Bohnen	Feta	Räucherlachs	Bacon	Kartoffeln	Rote Linsen	Couscous	Pasta	Reis
Kichererbsen										27	34	31					
Thunfisch				22													
Tomaten																28	
Mais		22															
Paprika													30			25	
Kidneybohnen										33				26			
frutti di mare																35	29
Blattspinat																32	
Grüne Bohnen											23						
Feta	27					33											
Räucherlachs	34													24			
Bacon	31							23					36				
Kartoffeln					30						36						
Rote Linsen											24						
Couscous						26											
Pasta		28			25		35	32									
Reis							29										

Tapas	Kichererbsen	Thunfisch	Tomaten	Mais	Paprika	Kidneybohnen	Champignon	Blattspinat	buntes Gemüse	Feta	Hähnchenbrust	Bacon	Kartoffeln	Fischfilet	Wrap	Pasta
Kichererbsen					63											
Thunfisch															58	
Tomaten				62	61						44		48			
Mais			62									60				
Paprika	63		61						46							
Kidneybohnen												54				
Champignon								56				52				
Blattspinat							56									
buntes Gemüse					46											
Feta													50			
Hähnchenbrust				44								40				
Bacon				60		54	52				40		42	53		64
Kartoffeln				48						50	42					
Fischfilet											53					
Wrap		58														
Pasta											64					

Suppe \ Curry	Kichererbsen	Champignon	Tomaten	Asia Gemüse	Kokosmilch	Buntes Gemüse	Fischfilet	Blattspinat	Hackfleisch	Feta	Räucherlachs	Bacon	Kartoffeln	Rote Linsen	Couscous	Mie Nudeln	Reis
Kichererbsen			78														
Champignon									80							73	
Tomaten	78				68											84	79
Asia Gemüse																	76
Kokosmilch			68										71	77			
Buntes Gemüse													83				
Fischfilet																70	
Blattspinat										69						74	
Hackfleisch		80															
Feta								69									
Räucherlachs													75		82		
Bacon													72				
Kartoffeln					71	83					75	72					
Rote Linsen					77												
Couscous											82						
Mie Nudeln		73	84				70	74									
Reis			79	76													

Ofen	Buntes Gemüse	Chicken Wings	Tomaten	Fischfilet	Hackfleisch	Kidneybohnen	Wrap	Blattspinat	Grüne Bohnen	Räucherlachs	Asia Gemüse	Kartoffeln	Couscous	Pasta	Reis
Buntes Gemüse													104		
Chicken Wings							91				97	88	94		92
Tomaten									101						
Fischfilet									95			90			
Hackfleisch												102			
Kidneybohnen															100
Wrap		91													
Blattspinat										98			96		
Grüne Bohnen			101	95											
Asia Gemüse		97													
Räucherlachs								98				93			
Kartoffeln		88		90	102							93			
Couscous	104	94													
Pasta								96							
Reis		92				100									

Pfanne	Kichererbsen	Champignon	Buntes Gemüse	Hähnchenbrust	Paprika	Fischfilet	frutti di mare	Blattspinat	Grüne Bohnen	Hackfleisch	Räucherlachs	Bacon	Kartoffeln	Rote Linsen	Couscous	Mie Nudeln	Reis
Kichererbsen		115															
Champignon	115															110	
Buntes Gemüse						116				122					113	109	
Hähnchenbrust																	118
Paprika																	108
Fischfilet			116					112									
frutti di mare																	126
Blattspinat						112											
Grüne Bohnen												114					
Hackfleisch			122										124	120			
Räucherlachs													117				
Bacon									114								
Kartoffeln										124	117						
Rote Linsen										120							
Couscous			113														
Mie Nudeln		110	109														
Reis				118	108		126										

Pasta	Champignon	Thunfisch	Tomaten	Asia Gemüse	Paprika	Kokosmilch	Buntes Gemüse	Blattspinat	Hackfleisch	Mie Nudeln	Räucherlachs	Bacon	Fischfilet	Rote Linsen	Pasta
Champignon															133
Thunfisch															131
Tomaten															140
Asia Gemüse															138
Paprika															135
Kokosmilch										136					
Buntes Gemüse															132
Blattspinat															139
Hackfleisch															142
Mie Nudeln						136					137				
Räucherlachs															141
Bacon										137					
Fischfilet															130
Rote Linsen															134
Pasta	133	131	140	138	135		132	139	142		141		130	134	

Wraps	Kichererbsen	Thunfisch	Champignon	Mais	Paprika	Kidneybohnen	frutti di mare	Blattspinat	Asia Gemüse	Feta	Räucherlachs	Bacon	Wrap	Rote Linsen	Fischfilet
Kichererbsen													151		
Thunfisch													147		
Champignon													152		
Mais													153		
Paprika													148		
Kidneybohnen													150		
frutti di mare													155		
Blattspinat													159		
Asia Gemüse													157		
Feta													156		
Räucherlachs													146		
Bacon													149		
Wrap	151	147	152	153	148	150	155	159	157	156	146	149		158	154
Rote Linsen													158		
Fischfilet													154		

Ein Tipp zur Vorratshaltung

Wir empfehlen Ihnen zwei Möglichkeiten, Ihre Vorräte immer up to date zu halten:

- Schreiben Sie eine aufgebrauchte Zutat sofort auf einen Einkaufszettel oder tragen Sie diese in Ihre Einkaufslisten-App ein.

- Kontrollieren Sie regelmäßig Ihre Vorräte. Stellen Sie die Neuzugänge nach hinten und die älteren nach vorne. So sehen Sie schnell, wenn eine Zutat zur Neige geht und vermeiden, dass etwas kaputt geht.

Einkaufsliste der Hauptzutaten

Konserven / Gläser

- Kichererbsen
- Champignon-Köpfe
- gehackte Tomaten
- Kidneybohnen
- Thunfisch im eigenen Saft
- Champignon geschnitten
- Mais
- Kokosmilch

TK-Abteilung

- Fischfilet
  wir empfehlen Kabeljau
  oder Seelachsfilet
- frutti di mare
- Chicken Wings
- Asia-Gemüse
- Paprikastreifen
- buntes Gemüse
- Blattspinat
- grüne Bohnen

Aus der Kühltheke

- Räucherlachs
- Bacon
- Feta
- Hähnchenbrustfilets
- Hackfleisch

Denken Sie daran: Hähnchenbrust-filets und Hackfleisch sind schnell verderblich! Wenn Sie es nicht für den kommenden Tag verwenden möchten, bitte nach dem Einkauf daher sofort in den Tiefkühler.

Trockenware

- Pasta
- Mie Nudeln
- Wraps
- rote Linsen
- Couscous
- Reis
- Kartoffeln

Einkaufsliste der Must-haves

Aus der Kühltheke

- Eier
- Hartkäse
- Sauerrahm
- Frischkäse
- Sahne
- Feta

Gewürze

- Salz
- Pfeffer
- Paprikapulver (edelsüß)
- Kreuzkümmel
- Muskat
- Majoran
- Chiliflocken
- Sojasoße
- Meerrettich
- gemahlener Kurkuma
- Koriander
- gerebelter Thymian
- Currypulver
- Chilisoße
- Senf
- Brühe

Sonstiges

- Pflanzenöl
- Zitronensaft
- rote Zwiebeln
- Knoblauch
- Frühlingszwiebeln
- Olivenöl
- Essig
- Tomatenmark in der Tube
- TK Kräuter

Autorenvorstellung

Danke für Ihr Interesse an unserem Buch!

Wir sind Sophie und Jasper, ein Autorenteam, das seit mittlerweile 20 Jahren gemeinsam durch die Höhen und Tiefen des Lebens geht. Wir haben gemeinsam vier Kinder aus zwei Ehen großgezogen.

Seit unserer Diagnose Asperger-Autismus mit nahezu sechzig Jahren, die vieles in unserem Leben erklärte, wie Depressionen oder ADS, leben wir sehr zurückgezogen und haben uns voll und ganz unserem Hobby, dem Schreiben gewidmet.

Aufgrund unserer vielfältigen beruflichen Spannweite und unserer ganz speziellen Lebensgeschichte sind wir vielseitig interessiert und belesen. Unsere Hobbys sind Kochen, auch neue Rezepte und Geschmacksrichtungen ausprobieren, Wandern, Musik hören und in für uns verträglichen Dosen das Leben genießen.

Daher auch die Idee zu diesem Buch, da wir oft genug in der Situation waren, schnell etwas Leckeres und wenn möglich auch Gesundes aus dem Hut zaubern zu müssen.

Haftungsausschluss

Der Inhalt des Buches wurde mit größter Sorgfalt erstellt und alle Rezepte geprüft. Für die Vollständigkeit, Richtigkeit und Aktualität des Inhaltes kann allerdings keine Gewähr oder Garantie übernommen werden.

Printed in Poland
by Amazon Fulfillment
Poland Sp. z o.o., Wrocław

16514851R00103